はじめに

私が八十歳の誕生日を迎えた日の朝、

「えっ、私が八十歳。信じられない」

と、びっくり仰天した。八十歳だの、傘寿だのは、他人事。私には、ずっとずっと先の遠い未来のことだと思っていたからである。

嬉しいとか、悲しいとかではなく、ただ、不思議な気分であった。知人、友人も、同じようなことを言っている。

やがて、

「百歳までには、二十年もある。最後に何か一つ、値打ちのある凄いことを成し遂げよう」

と、思うようになってきた。

私の思いついた「値打ちのある凄いこと」とは、「教育界に一石を投じる」ことである。教育界の問題点をえぐり出し、本に著したいと思った。

私はこれまでに、十冊以上の本を出版してきた。庶民にとっては「巨額」のお金を費してきたけれども「ヒット作」にはほど遠く、「大変な道楽」となって、たまには誉めてくれる人もいたのだが、たいていの人は、ただただ「あきれる」ばかりであった。それでも、私は「高尚な道楽だ」と自己満足してきた。

これまでの本は、「旅日記」のようなものや「児童との生活の中でのエッセー」などで、読者は、ただ「そうかあ、珍しいなあ」とか、「子どもは、そうなんだ。知らなかった」などという感想を持つだけだったに違いない。

けれども、「百歳」が他人事ではなくなって、もう最後の出版になるかも知れない本は、「それは違うよ」とか「私は、このことには賛成できないな」というような反論がたくさん出て来そうな内容を含めるようにしたいと思った。

「百歳まで二十年。時間は、たっぷりある」

と思い、熟慮しようと、気合いを入れて、身構えた。

ところが、ある身体の不調が原因で、内科で検査を受けたところ、何と、「睡眠時無呼吸症候群」と診断され、最大四十五秒間も呼吸が止まっていることもあり「重症です」と宣言された。

私は驚いて、恐る、恐る、

「呼吸が止まったまま、死んでしまうこともありますか」

と訊いてみた。すると医師は、

「呼吸が止まったまま、死亡した人の例はあります」

と、きっぱりと答えた。

いくらすばらしいことを思いついても、成しとげる前に死んでしまったのでは、何の値打ちもないと思った。

その上に、年齢を重ねていくと、現在よりも脳が老化していくだろうと考えた。

歳と共に身体のあちこちの調子が悪くなり、医師から、

「どこが痛くないところですか」

と問われ、

「髪の毛ぐらいです。ここが痛かったら、散髪ができません」

と答えていた。そして、

「身体のどこが良いのですか」

と問われた時、

「頭です。頭の回転は、『そんじょ、そこらの』若者よりも速いです」

そう胸を張った。

医師は、ただあきれるばかりであった。

自分が言っておいて、言葉の意味がはっきりとは分からないので調べてみた。

「そんじょ」とは「そのあたり」の意味。「そこら」を強めて言う時に使う「其処ら」と書いて「そこら」と読む。中国語では、「在角落附近《ザアイジャオルオフージン》」と言うそうだ。

「そんじょそこら」の意味は、「ありきたりの」「どこにでもある」である。

ついでに英訳は〈around the corner〉だそうだ。

医師の前で「良いのは頭だけです」などと偉そうなことを言ったけれど、私の頭は、これから悪くなっていくことはあっても、今よりも良くなっていく可能性は限りなくゼロに近い。

今日よりも明日の方が衰えているのならと、早速、著書の出版に向かって、頑張り始めることにした。気象庁から、「猛暑が続きます。不要不急の外出はお控えください」という通達が出された日である。

私の決意を後押ししてくれたのは、

「教職員になりたいと希望する人が、急に減少してきた」

という報道が、たびたびなされたことである。

確かに教師の仕事は辛く苦しい。労働時間が長いが超勤手当などは出ない。世間の目は厳しい。

昔は、「先生。こんなことまでしてくださって、ありがとうございました」と、恐縮してお礼を言ってくれた保護者もいたのに、現在は、

「それも、教師の仕事のうちでしょ」

と言って、少しも感謝しない人もいる。それどころか放課後に残して勉強を見ても、

「どうして、うちの子だけ、残されなくてはならないのですか。恥ずかしい」

と、まるで被害者のように言って怒る人もいる。真剣に教育に取り組もうとする教師ほど、

「もう、やってられませんわ」

と、思ってしまう。

その上、昔は、問題にならなかったような教師の言動が問題視され、マスコミが大きく取り上げたりする。私は、時々冗談で言う。

「私なんか、何回も免職《クビ》になってるわ」

例えば、授業中に椅子や机をガタガタさせているような子がいると、

「机と椅子が泣いていています。床に座禅して反省。座禅が難しい時は正座でもよろしい」

などと、よく言った。子どもは、素直にすぐ正座をするけれども、十五分もしないうちに、

「先生、脚が痛いし、じんじん、しびれる」

と、言い始める。そこで、私は真剣な顔つきで、

「そうですか。でも、正座をして死んだ人はいません。安心して座っていてください」

と、言う。子どもは「えっ」などと言うけれども、仕方がないと諦めて、授業に入る。たまには挙手をして発表したりもする。そのうち、

「先生、正座したら、答えがすぐ分かるようになってきた」

などと言うので、他の子どもは、

「えっ、冗談やろ」

などと驚きの声を上げる。私は、

「お坊さんも正座したり、座禅を組んだりして、修行するのです。今日は、すばらしい体験ができて、おめでとう。これで、今から、机と椅子を大切にするし、友達を叩いたりしなくなりますよ。良かったですね。

他の人も、正座したくなったら、遠慮せずに言ってください。誰にでも公平にさせてあげます」

そう言って見回すと、皆、笑っている。

そのうちにチャイムが鳴る。私は大声で、

「正座は終了。遊んでらっしゃい」

と宣言すると、正座していた子は、脚がしびれて痛いくせに「ヤッター、ありがとうございます」などと言って、元気に外にとび出していく。

クラス全体が明るくなったのに、現在はそうはいかない。マスコミが強く責め立てる。

「小﨑教諭は、児童が苦痛を訴えたにもかかわらず正座をさせ続けた。これは、体罰に当たる」

と。

「教師にはなりたくない」と思うのは当然だ。

私は「教職は、そう捨てたもんでもない」と若者に感じてもらいたいと思った。

本当に困り果てたり、腹の立つことも多いけれども、腹をかかえて笑うことや、「教師とは、何とすばらしい仕事だろう」と思わせてくれることが多いことを、心をこめて、力いっぱい書いてゆきたいと思う。

そして、教育界の現状の一端を述べ、改革すべき点を主張したいと思う。

正反対のご意見や少し違うご意見は、大歓迎である。

「賛成です」と言っていただければ、もちろん嬉しい。

そもそも、「勉強」という言葉には、「嫌だけれども頑張る」という意味がある。「強いて勉める」という文字なのだから。市場で値切ると「勉強しときまっさ」と売り手が言うのと同じ、

「勉強」なのだ。

そんな宿命を持った「勉強」なのだが、教える方も教えられる方も、でき得る限り、楽しくなると良いなと、切に切に思う。

はじめに項目を書き出した。私が小学校教諭になったいきさつを記した。そして、教師として過ごした約四十年間に体験した「泣き笑い」の出来事をご紹介しようと思う。「教師は、こんなに辛く苦しくしんどいが、こんなに愉快なこともあるのです」と言いたいのである。

そして「教師冥利に尽きること」の例を知っていただきたいと思う。それから、

「これでも、教師は嫌な仕事ですか？」

と、現代の若者に問いかけてみたいと思う。


最後に世に問いたいことについては、一市民の私には、チャンスが見つからないので、大きな力を持っておられる方に宛てた「謹啓　文部科学大臣様」と「謹啓　法務大臣様」の項を設けることにした。

私以外の方々も、きっとお考えを持っておられることだろう。

二〇二三年八月一四日

著者　しるす

目次「教師冥利」

私はこうして教師になった

私が生まれ、幼い時に過ごした家には、たくさんの蔵書があった。

父は教師で、読書をしているか、何か書いている姿だけが、強く心に残っている。父は俳句を作るのが好きで、「ホトトギス」によく投句していた。載ると子どものように喜んで、「載ったぞ、載ったぞ」と、はしゃいでいた。多くの句の中の一句、

若者は　革手袋を　胸に差し

父は、裏面の白い団扇《うちわ》や襖《ふすま》の白い所に毛筆で、サラサラと自慢の一句を書くのが癖と言うか、趣味であった。

そんな父を見て育ったからか、文字や文章を書くのが、少しも億劫《おっくう》でも特別なことでもなかった。

それで、中学生になった時に私は、

「私は、作家になりたい。作家になる」と、将来の夢を語るようになった。

私は「金持ちだけど、いじわるで出来の悪い女の子」と「貧乏だけど、心が優しく頭の良い子」が出てくる典型的な少女小説を一生懸命に書いた。どんな理由だったか思い出さないが、金持ちの子の姓は「木村」にしていた。

心優しい姉は、真面目に読んで、後に誉め言葉をいっぱい書いてくれた。でも、その後に、

「世間の人の目は、もっと厳しいと思うよ」と、つけ加えていた。

両親は、

「作家になりたいなどと言って、食べていけるのか?」と心配して、賛成はしなかった。

「青白きインテリ」、「貧乏文士」などという言葉を知っていた私は、夏目漱石、芥川龍之介など、有名な文豪の作品を読むにつれて、「私など足元にも及ばない。名の売れない作家は貧困生活を送らなければならない」と思って、「私が作家になるのは無理だ」と結論づけた。両親は、ホッとしたようだった。

高校は松山東高で、尊敬する夏目漱石が勤務したことのある旧制松山中学である。道後温泉本館に小さな「坊ちゃんの間」というのがあって、小さな、小さな床の間に、漱石の肉筆による掛け軸があった。その掛け軸には「則天去私」と書いてあった。名前が右側にあったので、「偉い人は、我々と違って、反対側に書くんだなあ」と感心した。

「あの『則天去私』は、まだ掛けてあるのだろうか?」と、ふと思うことがある。

高校を卒業すると、友達はバラバラになってしまった。私の一番の親友のMさんは、東京の私立の女子大学に進学することになった。私も東京の大学に行きたかったけれど、「Mさんは金持ちのお嬢さんでしょ。うちは、普通の公務員だからね。地元の国立大学にしか、やれないからね」と言い渡されていた。あまり成績の良くない友だちが、東京の大学に進むと知って少し悔しかったけれど、当時の女性は、短大に行く人が多く、四年制の大学に行く人は、あまり多くなかったので、四年制に行かせてもらうだけでも、感謝しなければならないと、私はすぐに納得した。

私は、国語が好きで熱心にしていたので、主専攻は「国語」と心に決めていたが、母は、「国語では、特技が身につかない。音楽にしなさい」と強く言い張るので、それに従った。

当時は、音楽学校のように音楽ばかり習う「音楽専攻科」と、小中高の教諭の免許が取得できる「普通科」があったが、私は「普通科」の「中等音楽専攻科」であった。

ここを卒業すると、「中学校一級普通教諭免許状」と「高等学校二級普通教諭免許状（音楽）」と「小学校二級普通教諭免許状」の三種類の免許状が取得できた。

私が入ったのは「教育学部」、俗に「教師養成学部」と呼ばれ、卒業すれば即、教師になるのが普通であった。昔は「師範学校」と言われた。私立の女子大生のように、卒業すれば習い事に精を出し、やがて花嫁さんになるお嬢さまとは全く違っていた。

大学では、はじめの一年半は一般課程で、その後、専門課程に移るのだが、音楽の学生は、はじめから専門課程に精を出さないと、必要単位が取れない仕組みだった。

「学生時代は、呑気なものだ」などと言う学生がいたが、音楽専攻科の学生は、そんなことは全くなかった。一年の前期・後期で一単位ずつ取れるのだが、主な楽器のピアノは八単位必要なので、そうなってしまうのである。

学生は、お願いに行って、指導教官を決める。卒業までお世話になるのだが、就職の世話もしてくださった。

私の指導教官は、ピアノのO《オー》教授だった。

ピアノの音はどれも美しいけれど、ミスタッチをすると奇妙な音になる。先生は、「作曲家は一音一音に命を懸けているんだから、楽譜どおり弾け！」と怒った。

次回のレッスンまでに猛烈に練習して、やっとミスタッチなく弾けても今度は、

「音楽というものは、楽譜どおり弾けば良いものではない。もっと心を込めて弾くように」

と、言われる。言われたとおりに弾こうと努力しても、先生のハートに響かないと、

「一度弾いてみるから、心して聴いてみなさい」

と、イライラなさって、先生はやおら立ち上がるとピアノの椅子に座る。

先生は、易しそうに、同じ楽器から出る音とは、とうてい思えないほどの優しく美しいメロディーを作り出していかれた。

私は、惚れ惚れして、思わず心から、

「お上手ですねえ」と言ってしまった。

「当たり前だ。私は、この大学のピアノの教授だぞ。分かったか。このように弾け」

と、教授は厳しく言い放った。

「よく分かりました。でも技術がとうてい追いつきません」と、私は小さな声で言った。

「当たり前だ。学生に追いつかれたら、教授は立つ瀬がないだろう」

そう言って、教授は初めて笑ってくれた。

真偽のほどは分からないが、「O先生に、怒られて湯飲み茶碗を投げつけられた学生がいる」

と聞いたことがある。幸いにして、私にはそういう経験はなかった。それだけ音楽の教授は、一音一音を大切にしておられたのだろうと納得していた。O先生はご健在だろうかと、ふと思い出すと懐かしくてたまらなくなる。（ご健在なら、百歳を超えておられる。）

私が一番苦労した曲は、ベートーベンの「悲愴」であった。見開き二ページの一番はじめの楽譜との闘いは長かった。大学の夏休みは長いのに、ここを練習するだけで全部潰れてしまった。曲名のとおり「悲愴」な曲であった。

「一つの小節に、よくぞこれほど多くの音符が書き込めたものだ。後で弾く人の身になっていないのだろう。それにしても、ベートーベン自身は、ミスタッチなく上手に美しく弾きこなすことができたのだろうか」

そんなことを思った。そして、学校の音楽室に掲示してあったベートーベンの肖像画を思い出して、

「自分では、弾けなかったのではないかな」

と、失礼な憶測をした。

体育の授業が、ピアノの前にあることがあった。あいにく砲丸投げの授業である。あの黒い玉は、見た目よりも重い。私は「これは乙女のすることではないわ」などと、ぼやきながら投げた。ボトンと落ちて、なかなか十メートルもの距離は投げられない。

それでも、力の限り頑張った後、ピアノの授業に行く。すると、指がしびれて、ほとんど動かない。

教授は驚いて、

「いったい、何をしたんだ」と言った。私が「砲丸投げの練習をしました」と答えると、

「ピアノの前に砲丸投げなんかするな。指はピアノを弾くためにあるんだから」

と激しい調子で言われて困ったことがある。

「でも、体育の単位も要るんです。出席しないと卒業できません」と情けない声で言うと、

「砲丸投げの時だけ、事情を説明して見学させてもらいなさい」

と、言われたが、声の調子は優しくなっていた。

「どのように説明したら、見学させてもらえるだろうか」

と悩んだが、その後は「砲丸投げ」の授業はなかった。本当に良かった。テレビで砲丸投げの競技の実況があると、このことを思い出すことがある。

ある日、ピアノの鍵盤は、何故八十八もあるのだろうという疑問が起きたので、たずねてみると、教授は、少し困った表情になったが、

「世界に三曲、八十八鍵全部を使うのがある。その三曲のためにあるんだろう」と言われた。

ピアノの調律師は、

「一番低い音、一番高い音の半音下や上を作っても、普通の人には、聞き分けすることができないからでしょう」と答えた。

私は、今、黒鍵が「二、三、二、三」と並んでいる不思議を考えている。これが、ずらりと並んでいたら、弾き始めの鍵の場所が分からないし、一オクターブの単位の位置が分からない

と思う。全盲のピアニストはなおさら困るのではないか。

このことは、大学生の時には、疑問に思わなかったので、よくご存じの教授に聞くことができなかった。返す返すも口悔しい。

ピアノは、多くの美しい音を出すことができる大変優れた楽器であるが、私は悪戦苦闘して、時には、憎らしくなることがあった。

でも、ピアノを頑張っていたおかげで、一億人を超す日本人が、ほとんど誰も経験したことがないだろうと思われる貴重なことができた。

若い教師時代に、ヨーロッパ旅行をした。ヴェルサイユ宮殿に行った時に、広い部屋の片隅に古びたピアノがあった。今のピアノよりも少し小型だったので、「チェンバロかな」と思っていると、添乗員が言った。

「今日は特別サービスの日で、モーツァルトも弾いたと言われるあのピアノを、希望する人は特別に弾くことができます。ご希望の方はおっしゃってください」

私は、「ハイ」と大声を上げながら高々と手を挙げた。

許された私は、「乙女の祈り」を弾き始めた。「終わりまで」と思って懸命に弾いていると、添乗員さんは少し困った様子で、

「小崎さん、もういいですか。先に行きましょうか」

と、大声で言った。

私は素直に従って、見学の列に加わった。

今も、あの時の嬉しさを思い出して、涙がにじむことがある。

専門課程では、実にさまざまな授業を受けた。若く元気な時だったから、できたのだ。楽典・作曲法・指揮法・合奏・声楽（合唱）・弦楽器（ヴァイオリン）・管楽器（クラリネット）・打楽器（ドラム・大太鼓・シンバル）鼓笛隊である。

楽典の講義では助教授が、

「同じ芸術でも、美術は限りなく個性を求めるのに、音楽は、たくさんの規定があって縛られます」

と、おっしゃった。

作曲法では、主に和音のことを学んだ。

「ピアノの一つ一つの音は美しいけれど、重なり合うと、美しい場合と快くない場合がありま す。快くない場合を『不協和音』と言います。作曲家は、非常に稀にですが故意に使うことがあります。合奏などで『ここ、ぶつかっていて良いんですか？』などと疑問が出ることがあります。『ぶつかる音』がある時、不協和音と言います。大作曲家ならいいけれど、皆さんは避ける方が無難です。

たまに、不協和音を極端に嫌う人がいて、『雨だれの音と柱時計の振り子の音とが不協和だ』などと言うことがあるらしいけれど、皆さんは、それほど敏感ではないと思いますので、安心してください」

そう話された後、

「モーツァルトは、13分の1音の違いも聞き分けたそうです。『今の音は13分の2音違う』などと言ったと言われています」と、続けられた。

「モーツァルトがカラオケに来て、素人の歌を聞いたら、気分が悪くて卒倒するかも知れない」と、私は真剣に思い、おかしくなった。

それにしても、モーツァルトのピアノを調律したのは誰だったのだろう。

和音の勉強をした後、美空ひばりの「柔《やわら》」の伴奏を楽譜に書いて歌いながら弾くと、母は「どうしたことだろう」と心配した。

詩に節をつける作曲法では、

「普通、言葉の共通語アクセントに従います。『はるがきた　はるがきた……』と歌ってみると分かります。関西弁では『はるがきた　はるがきた　どこにきた』と、「・」のところが高くなります」と習った。先生の関西弁の「はるがきた」が面白くて、皆で笑った。

「関西弁だと変な歌だと思われますから、皆さんは少し高いけれど『アクセント辞典』を買いなさい」と真面目に、言われた。

「詩によっては、一番と二番の歌詞のアクセントが違う場合があります。その時には、厳格にこだわる作曲家は『通作』にします。音楽的には格が高いのでしょうが、覚えにくく難しいです。『からたちの花』がその代表です。一番の『咲いた』と二番の『痛い』のアクセントが違いますね」

と、つけ加えられた。それからこうも説明された。

「『リンゴの唄』のアクセントは、出だしはほぼ関西弁です。『あかいリンゴに』というのは関西弁です。でも、何故か大流行しました。例外と言っても良いかも知れません」

私は、この時からアクセントに大きな興味を持つようになった。教師になってから、「範読（模範として読む）」や「朗読」の時に、大いに役に立った。


指揮法は、たったの2分の1単位だったが必須だった。

「指揮をする時に、何でも『三《さん》ハイ』と言う教師が少なくない。これは、四拍子の頭から出る時だけだ。『三ハイ』は、空振《からぶ》りを二拍することになる。これは、相手が小学生までだ。百歩譲っても中学生まで。普通は、空振りは一拍前だけだ。

三拍子の曲の時は『三ハイ』と言うと、一つ前の小節は四拍あることになるぞ」

ご指導を聞いた後、考えてみると確かに、「三ハイ」と言うのを聞くことが多い。「セーノ」と言う場合も、空振りは二拍である。

授業で課題として取り上げられたのは、メンデルスゾーン（正しくは、ヤーコプ・ルートウィヒ・フェリックス・メンデルスゾーン）の「おおひばり」であった。

この曲は、何度も聴いた名曲であったが、指揮するとなると、何と出だしの難しいことか。四拍子の曲ではあるが、頭から、つまり一拍目から始まらない。何と四拍半目の八分音符からである。途中にも二拍半目から出るところもある。

私たち学生は、ぼやきつつ鏡を見ながら練習した。こんなに苦労したのに、試験の時どうだったのか、全く覚えていない。無事に大学を卒業することができたのだから、貴重な2分の1単位は取れたのであろう。

もしかすると、誰もちゃんとできなくて、「難し過ぎたのかな。ひょっとしたら選曲ミスだったのかな」と後悔されて、皆平等に単位をくださったのかも知れないなあと思ったのは、だいぶ後のことであった。

ヴァイオリンは、きっちり指が弦を押さえ切れなくて、自分でも「宙ぶらりん」と思う音がたびたび出た。女性の助教授は、

「あなたの出す音で虫歯が痛みます」

と、顔をしかめて言われた。「私は、ヴァイオリンには向かない」と切なかった。でも、評点は低かったが、単位はくださった。

管楽器は、空《あ》いているのがクラリネットだけだったので、それを選んだ。指導してくださるのは、NHK松山管弦楽団のK助教授だった。

クラリネットを手にしてから三日目まで、「ブー」とも「キュー」とも音が出なかった。これは、リード楽器なので唇をギューッと締めなければならないのに弱過ぎたためだった。四日目に、低く「ブーッ」と出た時に、

「一時はどうなることかと思いました」

と、ホッとして言うと、先生は笑って、

「それは、こちらのセリフです」

と、言われた。この後は、童謡などが吹けるようになって、少しずつ楽しくなってきた。

私が使う竹のリードは、少し指で引っかけても、すぐ割れる安物だった。それで、たびたび楽器店に買いに行った。店主は私の顔をすっかり覚えて、「また買いに来たの。丁寧に扱いなさいよ」と気の毒そうに言った。

時々、吹奏楽の授業があって、同じK先生の指導だった。

たいていの音楽の先生は、少し気難しいが、K先生は穏やかで優しかった。

演奏が悪いと、「もう一度、聞かせてよ」とおっしゃった。

先生の専門の楽器は、オーボエだった。

「リード楽器は、見た目は易しそうですが、オーボエは難しいです。リードが二枚ある二枚舌の楽器です。よくオーボエて（覚えて）いてください」

などと、駄洒落も言われた。

声楽は、名曲を歌う時には大好きであったが、苦手で辛かったのが、「コールユーブンゲン」であった。音程が少しでも外れると、厳しく叱られた。

「そこまで高い音は出ません」と弱音を吐くと、大きな声で、

「出ない音を出すのが練習だろう。声帯は、世界中で一番小さい楽器だ。『ガーガー』と胸や喉から出そうとせず、頭蓋骨で響かすんだ。だから、頭声発声と言うんだ」

と言われた。言われたけれど、簡単ではなかった。

「女性は、どんなに豪華な衣装や装飾品を身につけ、プロが美しくお化粧しても、声が汚いと『美人』ではない。『ババア声』を出すな。煙草を吸うと、そういう声になりやすいから、絶対に吸うな。酒は、少々なら許せる」

と、皆が集合した場で言われた。一人の学生が、

「生まれつき、声の悪い人は、どうしたらいいですか?」

と質問した。すると先生は、

「良い声を出すように工夫しなければならない。良い声を作れ。歌は芸術なのだから、工夫して作り上げるのだ。

地声でしゃべったり歌ったりするな。頭声にすれば、『ババア声』にはならないものだ。女性には取り立ててこう言うが、男性の声も同じだ。男性は、顔よりも『声』だ」

と、力を込めて言われたので、頭の中にしっかりと焼き付いている。

私は「ハンサムな声」という自作の言葉を作り上げた。確かに、いい声の男性は「しびれる」気がする。

音楽については、まだ多くの出来事や体験があったが、割愛する。

音楽を専攻した人は、他の教科を専攻した人よりも苦労したのではないかと思ったが、社会人になった後では、「学生時代の苦労なんて高《たか》が知れている」と思った。

悪戦苦闘しながらも、卒業できるまでの単位を積み重ねた後は、「教育実習」である。いよいよ、子どもたちの前に立って授業をする。「教生《きょうせい》の先生」と呼ばれることになる。

教育実習は、初めは付属中学校からで、二か月間に七回授業をした。時間はたっぷりあったので、できるだけの準備をするように心がけた。国立大学の付属小・中学校の先生は「教官」と呼ばれる。部屋は、普通の学校では「職員室」なのに、ここでは「教官室」と言った。私を指導してくださるのは、音楽のK教官であった。

免許のない私が授業することは違法なので、いつもK教官が教室の後ろに座ってじっと見つめ、聞き耳を立てておられた。放課後には、授業の感想や批判やこれからの授業について、誠に丁寧に話してくださった。

どの授業にも全力を出して頑張ったが、一番熱を入れたのが「越天楽《えてんらく》」の授業であった。まず、雅楽に用いる楽器の写真を撮りたいと思って、近くの護国神社に行った。

篳篥《ひちりき》・笙《しょう》・龍笛《りゅうてき》・楽太鼓《がくだいこ》・鉦鼓《しょうこ》・鞨鼓《かっこ》・鼓《つづみ》・琵琶《びわ》・箏《こと》など、所狭しとばかりに並んでいる雅楽器に少しも触れることなく撮った。宮中で用いられるのとは違って古びているようにも思ったが、残らずカメラにおさめた。

写真は、教室の中で生徒たちに見せるので、大きく引き伸ばした。

写真が出来上がると、何だか授業がうまくいくような気がして嬉しくなった。

授業で、言うべきことを落とさないように台本のような物を作成した。

授業では、歌が終わると、撮って来た写真を得意になって子どもたちの前で広げて見せた。

あと五分ほどで授業終わりのチャイムが鳴るという時に、私は、ふと、父が吹いている尺《しゃく》八《はち》の紹介をしたくなった。父は、都山流《とざんりゅう》の大師範の免許を持っているからである。

「雅楽の楽器ではありませんが、日本古来の管楽器に『尺八』があります。真竹《まだけ》の根に近い部分で作ります。長さが、昔の日本の言い方で、一尺八寸（約六十㎝）の長さがあるので『尺八』と呼ぶのです」

生徒たちは「ふうん」などと言って聞いた。

授業が終わって、放課後にK教官は、

「尺八の説明よりも、笙や龍笛の説明を詳しくした方が良かったかな」

と言われた。私は、

「父が尺八の名人なので言いたくなりました」

とは言えず、「ハイ」と言っただけであった。K教官は、

「授業全体は良かった。特に、わざわざ楽器の写真を撮りに行った熱心さを高く評価する。これから先、雅楽を学ぶ生徒の役に立つので、写真を学校に寄付してほしいのだが……」

そうおっしゃったので、快く承諾した。

「今でも、あの写真は役立っているのかな？」

と思うことがある。

小学校での教育実習は、附属小学校のM教官の四年生の学級で二週間行われた。副専攻なので短いのだ。（どういうわけか、「付中」と言うのに「附小」であった。理由を聞けば良かった）

社会科では、北海道の奥尻島について学んでいた。教官の後に続いて授業したら、

「わあーっ。M先生の真似をして言っている」

と、子どもたちに言われて、少しの間、言葉が出なくなった。附小の子どもは、プロの教師と実習生の差をすぐ見抜くので怖い。

二十歳を少し過ぎたばかりの若い盛りの私は、休憩時間には力いっぱい走って、いっしょに遊び回った。

張り切り過ぎて、次のM教官の授業記録は取る気力がなくなることもあった。「先生、先生」と言われ、子どもたちと仲良く過ごした二週間は、またたく間に過ぎてしまった。これでお別れという時になると、涙がこぼれてきて困った。

子どもたちが下校したあと、M教官は、

「いつも、元気いっぱいの四年生と楽しそうに遊んでくれてありがとう。授業も、力いっぱい立派にできました。

小学校ではね。『学級づくり』が一番楽しく、苦労も多いのです。これができないと、授業は成り立ちません。どうでしたか。楽しい実習でしたか？」

と、しっとりとした言葉で言われて、私は「はい、ありがとうございました」と答えて、ま

た涙した。純情な乙女時代の思い出である。

そして私は、「中学校の音楽の先生になるより、小学校の先生の方が私に向いている」と、決意した。

卒業が近づくと、指導教官のO教授は、

「もし、お金をたくさん残したいのなら、教師にはなるな。教師はもうからない職業だ。今なら、証券会社の方が給料は高い。

でも、子ども相手の仕事は、決して悪くない。給料をもらって、一日に一回くらいは、腹の底から笑う時がある。そんな仕事は、そうそうあるもんじゃない」

と、心を込めて言ってくださった。そして、

「赴任先は、どこか分からない。どこにでも子どもはいる。『日本、至る所に青山《せいざん》あり』だ。与えられた子どもたちの前で、堂々と、授業してください」

と、励ましてくださった。

しばらくして、皆が集まっている所でこう言われた。

「皆さんは、無事に必要な単位を取得することができたので、教員免許状が受け取れます。一枚四百円です。必要な枚数分お金を持って、教育委員会で受け取ってください」

免許状をもらうのにお金が要るとは思わなかったので、びっくり仰天した。

私は、中学校一級、高校二級（いずれも音楽）、小学校二級、合計三枚の免許を「買う」ので「千二百円也」を持って行った。当時は、今とは違って大金であった。

（ちなみに、大学の授業料は月額千円で、幼稚園の月謝と同じであった）

卒業してから、教師に採用してもらうための面接があった。正面に、十人ほどの教育委員会の方々が並んでおられた。

「これだけ多くの音楽の単位を取得するのは大変だったでしょう」

「はい。時には『泣きの涙』もありました。でも、いろいろな楽器に出会えました」

「そんなにして取得した音楽の中学校一級免許なのに、中学校の音楽の教師になりたくないのですか？」

「両親も不思議がるのですが、教育実習の時に、私は小学校がいい、小学校の先生になりたいと思いました。きっぱりと決意しました」

「そうですか」

これだけで、私の面接は終了だった。

それからしばらくして、私の赴任先が決定した。教育委員会に辞令書をもらいに行った。これは無料だった。「愛媛県伊予郡松前《まさき》町立松前小学校の教諭を任ず」とあった。そして、片隅に「本俸一万八千円也」と書かれていた。これが、私が受け取る初月給であった。

辞令書を受け取る時、係の方に、

「なかなか、やんちゃな子ばかりです。ここで勤まったら、この先、どんな学校でも勤まります。頑張ってください」

と言われた。それを聞いて、複雑な心境になった。「やんちゃな子ばかり」とは、どういう意味だろうかと思った。

松前小学校に行ってみた。古い歴史のある学校で、校舎の入り口に、大きな蘇鉄《そてつ》の木が植えられている。テレビドラマなどで見る古い校舎のイメージそのままであった。

この学校が、私の四十年にも及ぶ、教師生活の出発の地であった。胸が高鳴っていた。

子どもたちと歩み続けた四十年間の思い出

ある時は　愛らしく　面白く　不思議で
ある時は　小悪魔《こあくま》となる　子どもたちと
歩み続けた四十年間の日々の思い出

「子どもは、成人を小さくした者ではない。人類に属さない別の生き物なのでは？」と思う時や、「どこの星から来たの？」と問いかけたいと思う時もあった。

一口に「小学生」と言っても、低学年、中学年、高学年では全く違う。この六年間の、心身の成長は、目を見張るものがある。

楽しかったこと・嬉しかったこと・辛かったこと・苦しかったこと——過ぎ去ると、みんなみんな大切な思い出。

たくさんの出来事の中から、少し取り出して、記したいと思う。

まだまだ、時間がゆったりと過ぎて行った「昔」の話なので、今のあわただしい教育界に身を置いている教師には、羨ましがられるかも知れない。

一年生

私は、教職八年目で、初めて一年生の担任になった。

父は「一年生を持って、初めて教師と言える」と言って喜んでくれた。「そうかなあ」と思ったが、一年生は、そばから見ると、かわいいと思うけれども、受け持ってみると、「そうとばかりは言ってられない」と、大変だった。何しろ、生まれてから、まだ六年しか経っていないのだから「人間経験」が短い。保育園・幼稚園の続きみたいな子どももいる。
日本語を話し始めて、五年くらいしか経っていないので、日本語が不自由である。

〈「ハーイ」と返事するけれど〉

一年生は、何か話すと、「ハーイ」と言って手を上げる。「返事だけでいいのよ」と言っても、四月いっぱいは、上げ続ける。保育園・幼稚園では要求されていたのだろう。

「忘れずに、ランドセルに全部、自分で入れましょう。これは宿題です。分かりましたか」と言うと、元気よく全員が「ハーイ」と返事して手を上げる。

「さようなら」が終わって、皆が戸口に向かい始めると、女の子が一人戻って来て、

「先生、『シクダイ』言うたら、何のこと」

と目をくりくりさせる。私は「えーっ」と驚くが、すまして、

「お家《うち》ですることよ。また、分からなかったら遠慮しないで、きいてね」と言うと、彼女は「ハーイ」と言って、元気よく帰って行った。後で「遠慮」という言葉が分かったかなと思った。

春の運動会の前日も、

「あしたの運動会で、皆で校歌を歌うので、一番

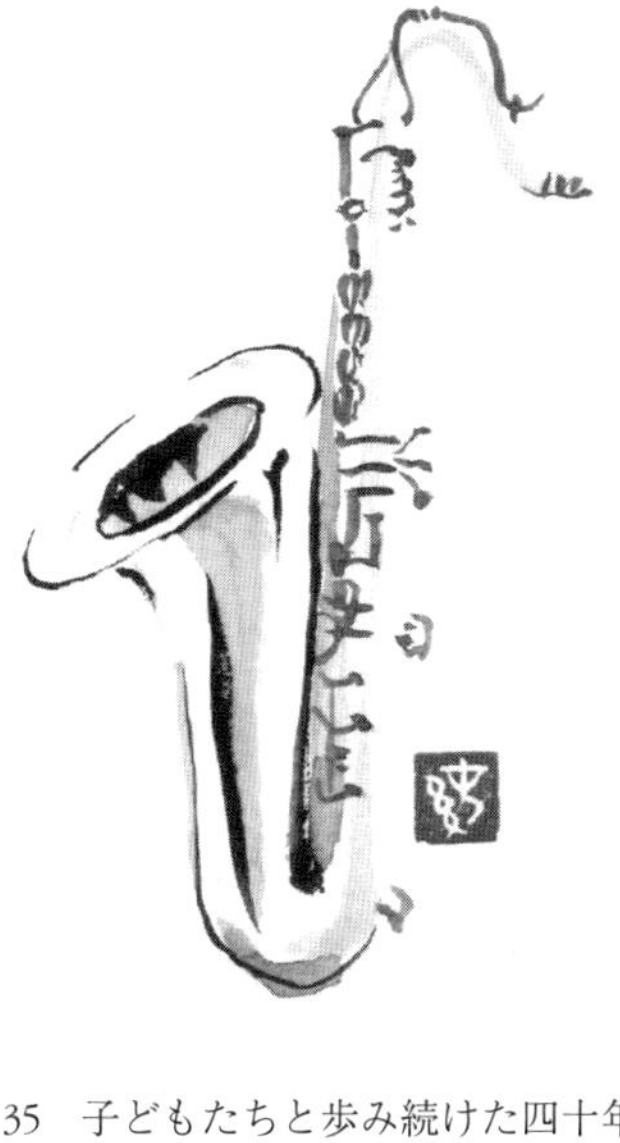

だけでいいから、覚えてきましょうね」と言えば、例の如く「ハーイ」が響いたが、別の女の子が、

「『コウカ』言うたら、何ですか」と言った。

「あのね。――」と説明しながら、

「一年生の『ハーイ』は、信用できないな」と思った。生まれて、少ししか経っていないのだから、無理もないのである。

〈運動場では、誰だか分からなくなる〉

高学年の子は、背が高い子、低い子、肥満の子、やせ型の子と、身体に個性が出てくるので、誰だか分かりやすい。けれども一年生は、どの子も「豆粒」みたいに見える。体育の服装になって運動場に散らばってしまうと、誰が誰だか分からなくなって、大変困ってしまう。

「教室に入りましょう」と声をかけると、

「ぼく、隣の組の子。今から体育」と言われ、

「これは失礼。ごめんなさい」となることがあった。

一年生の子の背の高さは、私のウエストあたりまでしかなかった。子どもに話しかけられると、私はすぐに中腰になった。

〈「先生、今、空を飛んでたの」と言う子〉

朝、女の子が職員室にスキップで入って来て、「空を飛んでたの」と、嬉しそうに報告した。

これが六年生なら、

「朝っぱらから、寝ぼけたこと言うんじゃないのよ。大丈夫かなあ」

と言うところだけど、一年生だから、

「そう。それは良かったね。楽しかったでしょ」となる。

彼女は、ニコニコしながら、

「うん。楽しかった。風がいい気持ちだった」と言う。

「うらやましいなあ。今度飛ぶ時も、よく気をつけて、空から落ちて来ないでね」

と、私は真面目な顔で言う。

「一年生は、こんな調子なんだから、難しいことを言っても無駄だなあ」

私は、考え込んだが、楽しかった。

〈大口を開けて、大声で泣く〉

一年生は、突然、大声で泣き出すことがある。初めは、びっくり仰天することがあったが、どこからも血が出ていなくて、普通に歩いていれば、ひとまず安心である。

「赤ちゃんに近いからだろう」

そう思いながら、ゆっくり近づいて、

「何かありましたね。大きな口だから、扁桃腺《へんとうせん》が見えるね。腫《は》れてないから大丈夫よ」と冗談まじりで言うけれども、泣き続ける。

「先生、うるさいわ」

「やかましい。もうー」

他の子が不満をもらし始める。そこで、

「〇〇さんには泣く自由があります。だから泣かせてあげましょう。力いっぱい泣いているので、すぐ疲れて、やめてしまうでしょう」

と、すまして授業を進める。

彼は、そのうちにしゃくり上げを始めて、疲れて泣きやんだ。

私は、近づいてたずねる。

「ところで、何が、どうしたの？　大事件？」

彼は、誰が泣いてたの？　というような表情で、

「忘れてもた（忘れてしまった）」と言った。

「忘れるくらいなら、一大事ではなかったのね。よかった。トイレに行って来たら、図工をしましょう」と私は言った。

トイレから戻って来た彼は晴れやかな表情で、

「先生、分かった。絵の具の赤がないねん」と言った。私は、

「大したことでなくて、よかった、よかった。男はね。絵の具の赤がないくらいで大声で泣く

もんじゃないのよ。これから先、いっぱい辛いことが起きるんだからね」

などと、理解し難いことを言ってから、

「これからは、困ったことがあったら、すぐ言いなさいよ。一生懸命に泣いていると、忘れてしまうでしょ。絵の具の赤くらい、私のを貸してあげます。一回だけよ」

と提案すると、彼は大声で、

「ありがとう」

と言って笑った。

図工の時間が終わってから、

「先生、絵の具の赤、給食のエプロンのポケットの中にあった」

とのことで一件落着。でも、絵の具が何故、エプロンのポケットの中にあったのだろうかと不思議だった。

〈「いいじゃないの」と言う子〉

どこの学校でも、どの学年でも、廊下を走る子はいる。「廊下を走らない」という努力目標を掲げても、守れないのである。長く続く一本道の廊下は、「走れ！　走れ！」と子どもたちを誘う魔力を持っているのだろうか。

一年生もパタパタと走る。たいていの保育所・幼稚園には、長い廊下はないからだろうか。

私たち教師はそれを見つけると、

「廊下は、走ってはいけません！」と注意する。

昔の一年生は、先生に叱られたと思って、

「ごめんなしゃい（さい）」としょげる。

「これからは、走らないのよ」と言うと、

「ハーイ」

と返事をして、走って行く。まるで漫画みたいな光景で、教師は笑ってしまう。

でも、今の一年生の中には、

「いいじゃないの」

と、花のような唇で、歯向かう子がいる。私は思わず真剣に、

「いいことないから、注意しているのです」

と、厳しく言う羽目になってしまう。

「いいじゃないの」などとは、家庭内で大人が言うのを聞いて覚えたのだろう。一体、誰が、どんな時に誰に言うのだろう。

もっと嫌な感じは、「何で？」と、『で』をピンと上げて言う子である。

私は、「あんなに、かわいい口で、何と憎らしい」と思うが、次の瞬間「かわいそうな子だねえ」と、同情してしまう。その後で、「今が、一番かわいらしい時なのに、今憎らしいのでは、一生かわいくないだろう。気の毒に」と、また同情してしまう。

〈「場を読む」なんて、できない〉

私たち教師の力が試されることの一つが、研究授業である。メモと指導案を片手に、ずらりと並ぶ同職の方々の前で授業をして、あとの「研究討議会」で遠慮のない批判を浴びる。

高学年の場合は、全面的に協力態勢に入ろうとしてくれるので、授業の進行の邪魔になるような言動をしないのが普通である。

けれども、一年生は、そんな心づかいは、全くしない。

兵庫県の淡路島のある学校での研究授業。教材は『チックとタック』だったように思う。

夏の日の五時間目、暑いし、給食で食べたごちそうがお腹の中でこなれ始めるという悪条件。

「先生、いつまでするの？」

「この時計の長い針が、ここに来るまでね」

「えっ、そんなに。もう帰りたい」

「先生方がたくさん、応援してくださるからね。頑張ろうね」

「暑いし、帰りたい」

こうなると『チックとタック』どころではない。ベテランらしい先生でも、汗をかきかき、チャイムが鳴るまで授業をしておられた。

授業の後の研究会では、

「一年生の授業は、夏の午後は無理ですね」

「冷房は、是非とも付けてもらいたい」

「一年生の研究授業は、恐ろしい」

「授業者は、さぞかしお疲れだったでしょう」

などという発言ばかりで、肝心の授業内容については発言が少なかった。

私も、「一年生の研究授業は、謹しんでお断り申し上げたい」と、心から思った。


もう一つ。一年生の国語の研究会の思い出。この時の教材は『たぬきの糸車』であった。

はじめに、今日学習するところを指名読させた。学習予定のところを半分ずつ、二人の子が読んだ後、一人の子が手を挙げて、

「ぼくも読みたい」と元気よく言った。

普段なら読ませるところだが、指導案に、「一度、指名読」とあったので、

「時間がないから、次にいきますよ」

とその先生は言った。高学年なら事情を察するのだが、

「えっ、今、始まったばかりなのに……」

と、一年生だから本音を吐いた。

どのようにして手に入れたか、教科書の挿絵どおりの糸車が置かれ、障子に影法師が映る仕掛けもあった。小道具は万全だった。

ところが、糸車にかけてあったのが、糸ではなく、極細の白い毛糸だった。

すると、子どもは目ざとく見つけて、

「やあっ、糸と違う。毛糸や。何で、糸が毛糸に変わったん？」

と、一人の目の良い子が言った。

「ほんまや。毛糸や、毛糸やわ」

と、二、三人。先生は慌てて、

「毛糸だけど、糸だと思ってください」

と言ったが、しばらくザワザワした。私は、「糸車をせっかく持って来たのなら、糸も、せめて毛糸でなくて凧糸にすれば良かったかも知れない」と思った。一年生は、毛糸を糸だと思うことなんて、できないのだ。授業者は、こんなことを子どもが指摘するとは予想しなかったのだろう。

障子に、たぬきの影法師が映るところでは、

「わあっ、おばけ、おばけやわあ」

と、子どもたちは一斉に言った。

先生は困り果てて、少し立ちすくんだ。

研究授業だからといって、いろいろな物や仕掛けを用意するのは、「骨折り損のくたびれもうけ」だと、私は思った。教科書に立派な挿し絵があるのだから、それを活用した方が良かったのではないかと感じた。

それにしても、準備の大変さの割に報われなかったので、授業者はさぞかしお疲れでお辛かっただろうと同情した。

一年生の研究授業は、本当に怖い。

〈一年生の靴は足に合わないことが多い〉

運動会のかけっこ（徒競走）では、毎年、靴が空中に舞うことが多い。高学年では、紐靴《ひもぐつ》が多いのであまりないが、一、二年生ではそれが多発する。ビュンビュンと靴が飛ぶので、時には観客席から「ワァー」という歓声が上がることもある。

低学年の子の靴が何故脱げやすいかと言うと、前ゴムである上に、少し大きめだからである。

「子どもの成長は速いから、大きめの靴を買っておく方が経済的だから」

と、大きめの靴を買い与える保護者が多いのだろう。

そうかと思うと、きつきつで、指が痛いのではないかと心配になるほど、ゆとりゼロのような靴もある。

「余計なお世話だ」と言われるかも知れないが、連絡帳に一筆書く。

「少し靴が大き過ぎるようで、すぐに脱げてしまいます。今の靴は洗って、しばらく置いておいて、少し小さめのをご用意ください」とか、

「靴のサイズが、足に合わず、痛いのではないかと心配です。小さ過ぎる靴をはいていると、大切な指が傷んだりします。そうなると大変ですから、足に合うサイズの靴をお願いします」

などと、遠慮がちの表現にする。

「靴のことまで気を使ってくださって――」

ならいいのだが、たまには、

「靴のことまで言われるんか。うるさいな」

と迷惑がる保護者もいるので、慎重にしなくては。

〈若い母親たち〉

一年生の保護者は、若い場合が多い。特に第一子の母の場合は、一見、少女のような母もいる。

クラスの中に一人、人の前でアイドルの真似をして、歌ったり踊ったりするのが好きなかわいい女の子がいた。その子の母は、「お姉ちゃん」という感じがした。

家庭訪問の時に、

「お母さん、お若いですね。お姉さんみたいですね」

と言うと、彼女は、

「若いんです。あの子は、私が十六歳の時の子です」

と笑って言った。私は驚いて、

「そうですか。十六歳といえば、少女ですね。遊びたい盛りで、子育ては、大変だったでしょうね」

と言うと、彼女は少女のように、

「そうですよ。あまりにも若かったので、大事な幼児期の躾《しつけ》ができておりません。ご迷惑をおかけしているでしょうね」

と、明るく言った。私は返答に困った。

「あの子が二十歳になっても、私は、まだ三十六歳です」

と、にこやかに彼女は言った。

「そうですね。うらやましい。二人並ぶと、きっと、親子じゃなくて、姉妹に見えますね」

私は、本当にうらやましかった。

「ひょっとすると、四十歳でおばあちゃんになるかも知れませんね」

と、彼女は面白そうに笑った。

担任でなくなってからは、彼女たちには一回も会っていない。

私の教師生活で、最初で最後の「十六歳の時に産んだ子」であった。


〈生きているから、注射は痛い〉


今は、学校でインフルエンザの予防注射を接種しないが、以前は実施していた。大人にとっては小さな出来事であっても、幼児の小学一年生にとっては、大事件である。国語や算数の勉強どころでなく、朝から、そわそわしている子もいる。

「先生、注射は痛い？」

などと、時々聞く。多くの教師は、

「痛くない、痛くない。チクリでおしまいよ」

と言う。しかし、皮膚に針を刺すのだから、痛くないはずがない。「痛くない」と言われて、痛いのだから、「騙《だま》された」と思って、泣くのだろうと思う。

そこで、私は、

「注射は痛いです。皮膚に針を刺すのだから、痛いに決まっています。もしも死んでいたら、痛くはありません。もし、注射しても痛くなかったら、死んでいるのです。これは一大事ですから、すぐに言ってください。

あなたたちは、元気はつらつ生きているのですから、大したことはないけれど、痛いです。もし、ちゃんと痛かったら『良かった。生きている』と大喜びしてください」

と、真実を話す。半数ほどの子どもは、ホッとした表情になる。

続けて、「痛い」ことが分からなかったら大変危険なことを例を挙げて話す。

「例えばね。熱い熱いお湯のいっぱい入っているヤカンを、うっかりして触ったりすると、『あつっ』と思って手を離すでしょう。これが感じられなったら、手全体が大やけどをしてしまうのです。『あつっ』とか『いたっ』とか感じることができるから、ほんの少し赤くなるくらいで済むのです。『痛い』と感じられない病気もあります。病人は大変です」

「反射神経」とか「ハンセン病」などという言葉は出さないけれど、「痛い」と感じられないと大変不幸なことになるということは、しっかりと教えた。

その後は、冗談。

「この話を聞いていても、泣きたくなる人がいるかも知れません。そういう時には、泣いても良いです。ただね。泣き方が難しいです。

運動場の真ん中まで走って行って、息をいっぱい吸い込んで、思いっきり大きな声で泣くのです。しくしく、陰気に泣くのは駄目ですよ」

子どもたちは「泣かんとこー」などと言いながら笑っている。

いよいよお呼びが来て、医師の前に一列に整列する。

一番目に接種を受けた子が、顔を少ししかめて、

「痛い。でも、良かったー」

と言った。医師は、意外そうな表情で「良かった」の意味を私に尋ねる。

「痛くなかったら死んでいるのだから一大事、と事前に言っておいたものですから」

そう説明すると、「それはいい」と医師は言った。

注射が終わって、全員が教室に戻った。

「注射が痛かった人？」

見回しながらそう聞くと、全員が「ハーイ」と挙手した。私は大喜びで言った。

「それは良かった。皆生きているのですね。生きているみたいな幽霊がいなくて、本当に良かった。運動場で大声で泣く人はなくて、見るのを楽しみにしていたのに残念」

この方法は、我ながら名案だと思ったので、長い間お世話になっている整形外科医に話すと、

「それはいい。これから使えそう」と言ってもらった。

ブロック注射の時に「痛い」と小声で言うと、医師は先日の話を覚えておられて、

「えっ、あなたが、それを言いますか」とのお言葉。私は真面目に、
「生きているから痛いのです。すみません」と言った。

クリニックで注射を受けるたびに、あの一年生の「痛い。良かったー」というかわいい声を思い出す。彼らは、とっくに、「おじさん」「おばさん」になっている。インフルエンザの予防注射のことを覚えているだろうか。

自分の子どもたちに、私の言い方を真似ながら、自分の小学生の頃を思い出してくれているだろうか。

〈「おばちゃんは、どうしているの?」〉

ある日、何の用事だったか思い出せないのだが、放課後に運動場を歩いていた。

すると、私のクラスではない一年生の男の子が近づいて来た。少し離れた所で、友だちらしい子が二人、見つめていた。どうやら、私に近づいて来たのは三人の代表らしかった。

「何組の子だったかなあ?」と考えていると、彼は少し緊張して、

「おばちゃん、なんで、ここにいるの?」

と言った。私は少し驚いて、

「ここの学校の先生だからよ。一年生の受け持ちなのよ」

そう説明すると、代表の彼はうなずいて「ふうん」と言って、仲間の所に走って行った。

彼は、「怪しい人ではなかったよ」と伝えているらしかった。

一年生にとっては、担任の先生だけが「先生」だと認識していて、他は、校長・教頭ぐらいが「先生」なのだろう。その他は皆「おじさん」か「おばさん」なのに違いない。


ある時、「腕が痛い」と言って、ベソをかいている子がいたので、私ははりきって、

「じゃあ、先生の鼻のアブラを、ちょいと付けるよ」

と言うと、見ていた子が、

「鼻のアブラなんか汗や。汚いわあ」

と言った。すると、そばにいた子が、

「先生のアブラは、きれいなんよね」

と反論した。

これが一年生だ。彼らにとっては、担任だけが先生で、絶対的な信頼感を抱いている。

「有り難いな」と思ったが、

「気をつけないとね。小さな心を裏切るなんて、絶対、許されない」

とも思った。

〈死んだ金魚をどうするか〉

ある朝、先輩の先生が、教室の中の金魚に触れておられた。どうしたのかと尋ねると、

「金魚が一匹死んだのよ。子どもたちが来る前に片づけようと思うのよ」と言われた。

「死んでしまった金魚を見た子どもたちが、悲しがって泣くと、かわいそうだ」

そう思われたのだろう。

「私なら、どうするだろうか」と考えた。

金魚が死ぬのは、たいてい餌の与え過ぎが原因であるという。飢え死にすることは、まずないのだそうだ。金魚は、小さな口を開けてゴマ粒ほどの小さな餌を、パクッと食べる。その様子はかわいいので、やめられなくなってしまう。その結果、お腹が破裂してしまうのである。

死んだ金魚は、あの輝くような赤色は消え、うろこの周りには、ふわふわした白い物が付いている。腹を上に向けて浮かんでいる。生きている他の金魚は、美しい姿をしている。

私なら、子どもたち全員がそろったら、金魚の水槽の前に集めてこう言うと思う。

「皆さん。昨日まで元気だった金魚が死んでしまいました。もう、赤く輝く体ではありません。目も、キラキラしていませんね。これが、死ぬということです。もう生きかえりません。生きている金魚は美しいですね。命が輝いているのです。

皆さんも、命を持っています。命は、キラキラと輝いています。なくしてしまうと、もう元に戻りません。だから、大切に大切にしていかなくてはなりません。自分の命も友だちの命も、よその国の人の命も、大切さは同じです」

生きている金魚と死んでしまった金魚を前にして、「生きていることの素晴らしさ」を一生懸命に説けば、幼い一年生でも理解できるのではないかと思う。

このことが理解できた後、運動場の片隅に連れて行き、死んでしまった金魚を埋葬して、「これまで、楽しませてくれた」ことに対して、お礼の言葉を言わせたいと思う。

私は、「生きていることの素晴らしさ」を、子どもたちに教えてくれたことについて、丁寧にお礼を言おうと思う。その後で、

「金魚の体は小さいでしょ。だから、餌はほんの少しでいいのです。たくさん過ぎるとお腹がパンクしてしまいます。十分に気を付けてくださいね」

そう言って、教室に帰ろうと思う。

「子どもたちが悲しむから」という理由で、先生が死んだ金魚を片づけてしまうと、大切な教育の機会を失ってしまう。

命を失った金魚を見て、悲しむような子どもに育てたいと、私は願っている。

〈「さようなら」のやり直し〉

「帰る用意をしましょう」と言うと、「ヤッター」と歓声を上げる。

子どもなりに、学校では気を使うのだろう。

それで、「やれやれ、やっと解放される」と思うのか、いそいそと、ランドセルに教科書を詰め始める。

全員が、用意ができたと確認すると、「立ちましょう」と言う。

子どもたちは、ランドセルを背負って立ち、ガタガタと机の下に椅子を入れる。

日番の子が「気をつけ、礼！」と号令をかけると、「さようなら」と言って深々と頭を下げる。たまに、「ガラガラ……」と音を立てながら、頭越しにランドセルから中の物が全部床に落ちてしまうことがある。カバーの先に付いている留め金が、定位置に入っていなかったのだ。

私は「またか」と思いながら、

「皆さん、もう一度座りましょう」と言う。

席の近い子は、進んで拾い集めることに協力する。

「ちゃんと、留めておけや」

と偉そうに言う子もいる。

日番の子は、「また、号令がかけられるぞ」とばかりに喜んで、また「起立、礼」と言う。

「少し言葉を変えているところが、成長かしら」と、私は、少し嬉しくなる。

「さようなら」

再び、元気な声が響いて、教室は静まる。


〈「アサガオの花が咲きました」〉


現役を定年退職して、すぐに初任研（初任者研修担当）になった。新しく採用された教師に付いて支援をしたり、指導したりするのが私の役目である。

初任者は一年生の担任なので、私は彼女の教室に入ることになった。

初任者は、十年間も産休や病休の教師の代理（裏づけ教論）をしてきた。前年度も、一年生担任として立派に務めを果たしてきた。だから、私よりも一年生の担任の経験は長いかも知れない。それで、私がつきっきりで補佐する必要はほとんどなかった。

私は、一年生の言動にいちいち反応して楽しんでいたが、彼女は「一年生というのは、そういうものよ」と冷めた反応を示した。私は、いちいち感動してしまうので、まるで立場が反対ではないかと思うこともあった。

一年生の学習の一つに「アサガオの栽培」がある。私の現役時代にもあった。子どもたちそれぞれが、自分の「苗」を担当するのだ。

ベランダに並べられている小さな苗の時代には、どれも大差はなかった。ところが日が経つにつれ、個体差が出始めた。

すると、生徒たちそれぞれに画用紙の「アサガオの記録」が配られ、氏名が書かれた後、掲示板に張られ、花が咲くと、先生にアサガオのシールをもらって貼ることになった。

葉や蔓《つる》だけの時には、同じように見えたが、蕾《つぼみ》が付きふくらむようになると、鉢によって差が出始めた。

「ヤッター」と歓声を上げて、アサガオのシールをもらって貼る子が増えてきた。五枚も貼る子が出てきたのに、一枚も貼れない男の子がいた。こればかりは持ち主の努力のしようがない。

「ボクのは、一つも咲かない」と嘆くので、

「大者《おおもの》は、後から出てくるのよ。演芸会でも、一番上手な人は最後に出るでしょう。『トリ』と言うのよ。あなたの花は、きっと誰のよりも立派だと思いますよ」と慰めた。

「あんなことを言ったけど、咲いてくれるかなあ」

私は不安になってきた。

ある朝、八時頃に教室に行くと、彼が走って来て、私に抱きついてきた。

「先生、咲いた。ボクのアサガオが咲いた」

と、はずんだ声で報告した。

私は、彼の後について、彼の鉢を見に行った。私は彼の肩をポンポンと叩いて、

「ホント。咲いたね。おめでとう。やっぱり大者だね。トリをとったね。良かったね」

少しして担任が入ってきた。彼は、

「先生、ボクのアサガオの花が、やっと咲いたよ！」

と、私に言った時よりもっとはずんだ声で報告した。すると彼女は、冷静な声で、

「そう。じゃあ、アサガオのシールね」

と言って渡した。

私は、怒りが込み上がってきてこう言った。

「どうして、いっしょに喜んで、見に行ってやらないの。子どもは、私でなくて、担任の先生に喜んでもらいたかったのよ。一年生にとって『先生』は、受け持ちの先生だけなのよ。これから先は、どの子にも、いっしょに大喜びして励ましの言葉をかけてね」

彼女は、黙ってうなずいた。十年間も、裏で回って、やっと一年生の担任になることができたのに、こんな反応しかできない彼女がかわいそうでたまらなくなった。

〈一年生の成長は大きい〉

四月の初めは、赤ちゃんのようだった一年生は、もうすぐ二年生という三月には、立派な小学生になった。もう泣かなくなった。

ひらがな・カタカナ・八十の漢字・数字――何と多くの文字を習ったことか。靴を飛ばしながら、全力で走った。大きな口を開けて、歌った。丸っこい小さな手で、鉛筆を握りしめて文字を書いている愛らしい姿。一年生の一年間は、大変貴重であった。

二年生

私は幸せなことに、感動しやすく、小さなことでも喜ぶ性格である。そんな面白いことを保護者の方々にも知っていただきたくて、たびたび「学級通信」をお届けしてきた。

低学年の時は「あかいほっぺ」と名付け、中学年は「めばえっ子」、高学年になると「のびる芽」と名付けた。

おびただしい数であろうけれど、退職間際だったので、その時の二年生の「あかいほっぺ」だけは、一枚残らずとっておき、「あかいほっぺ現役最終年」と題して、製本してある。時折読み返すと、幼い子どもの姿と若かった自分の姿とが浮かび上がってくる。

〈教師は、時に「トイレ」や「ゴミ袋」になりそうになる〉

一年生ほどではないが、二年生は日本語が不自由である。「しゃべり始めてから、五年くらいしか経っていないのだから、仕方がない」と言う人がいる。

しかし二年生は、「正しくしゃべられない」のではなく「しゃべらない」のだ。すでに、能力があるので、修正してやるのが愛である。

「先生、トイレ」

「わたしは、トイレですか？」

「ちがうねん、ぼくがトイレやねん」

「あれまあ、あなたは、トイレなんですか？」

「ちがうねん、トイレへ行きたいねん」

「そう。じゃあ、そのように言いなさい」

「トイレに行ってもよろしいか？」

「行ってらっしゃい」

こんな具合である。ただし、差し迫っている様子の時は、もらしてしまうと大変なので、言葉の指導は後ほどにする。

一度しっかり教えれば、次からは、教師は「トイレ」にならずに済む。

二年生は、「ゴミ箱は、どこにあるのかな？」と思った時にも、

「先生、ゴミ箱」

と言ったりする。その時には、「トイレ」の時と同様の会話をする。

幼い子が何を訴えようとしているのかくらい、教師でなくてもすぐに察しがつく。だから、先回りして「トイレに行きたいのですね」と言ってやることは容易である。

けれども、教師は教えるのが仕事なので、余計な親切は無用だ。

近頃、「話し言葉」の指導をしない（もしかしてできない）妙に優しい教師が増えてきた。「話す」は、国語の重要な領域なのに。

〈靴を左右さかさまに履く子〉

運動靴を左右さかさまに履く子は一年生に多いが、二年生になっても、そういう子はいる。

右と左では形が少し違うのだから、さかさまに履くと違和感があるはずなのに、不思議だと思う。幼児の足は、大人の足とは違って、左右の形が、あまり違わないからだろうかなどと思っていた。

ところが、幼児の運動靴の甲の部分には絵が描かれているのがあって、左右正しく並べると、絵がきちんとつながることに気が付いた。この絵を見れば、左右を間違えることがない。違和感を判断の基準にする必要がないのだ。

絵のない靴の場合は〝親切過ぎる〟保護者によって片方の靴に、印を付けられているのもある。

二年生になって、絵のない、印もない靴を履くようになると、これまでは、履いた時の「感覚」に頼っていなかったので、左右さかさまでも「違和感」を感じることができないのかも知れないと思った。

幼児の躾の場合、「親切過ぎる」のは歓迎できない。考えて、感覚を大切にして行動できる子に育てたいと思ったら、「しっかりと身に付くように」便利過ぎるようにしない方が良いのである。親子とも忍耐が必要だ。

〈血を見ると泣き出す〉

幼い子どもは、転んだり、ぶつけたりすることは、しょっちゅうである。

たいていは、

「痛いの、痛いの、飛んで行け」

という、おまじないの言葉で治ってしまう。

けれども、血が出ていると一大事だと思うのか、泣き出す子どもが多い。血の色が赤いから
「大変だ！」と思うのだろう。

「血が何故赤いのか？」については、医学的にしっかりとした説明ができるだろうが、皮膚が破れて血が体外に出るということは、重大で異常なことだから「赤信号」になるのかも知れない。その信号を本能的に感じ取って、幼子《おさなご》は泣くのだろう。

そこで、ある日、全員に向かって言った。

「転んで怪我をすると、血が出ますね。この時、血は、大きな役目を持っています。傷口から

入ろうとしているバイキンを血は流してくれます。血は、そんなにたくさん出ませんから、水道の水で傷口を丁寧に洗ってください。そうすると、膿んだり（化膿《かのう》したり）しません。その後、保健室で消毒してもらって、薬をつけてもらえば百点です。これは大切なことだから、覚えておきましょう」

この話の後は、血が出たと言って大騒ぎしないで、水で傷口を流うようになった。当然のことだが、考えても分からないことは、しっかりと教えなければならない。

〈節分の豆は、きなこの味がする〉

二月の節分の日の給食に、小さなビニールの袋に入った大豆がおまけに付いた。帰って「家族そろって豆まきをしましょう」という意味であった。たいていの子は、持って帰って食べるつもりになったが、一部の子は、

「今、食べたい」

と袋から出そうとする。そこで私は、

「一粒だけね。後は、晩ご飯の後のお楽しみよ」と言った。

すると、我も我もと、袋から取り出そうとした。密閉された袋の中から、小さな丸っこい大豆を一個取り出すというのは、なかなか難しい。

「やっぱり、誰かやると思った」

心配したとおり、一人、パラーッと全部、床にこぼしてしまった。丸っこい豆は、四方八方

に転がっていった。

彼は、今にも泣き出しそうな顔になって、豆の行方を見つめていた。

「たかが豆ぐらいのことで……」

とは言っていられない。彼には一大事であった。

あまりに悲しそうなので、私にも配られていた豆の袋を持って行って、彼の机の上に置いた。

「もう、こぼさないでね。新しい豆の袋は、ないからね」

と言うと、彼は丁寧に、

「ありがとうございます」

とお礼を言った。私は、床に散らばった豆を残らず拾いながら、

「踏んづけたら、転んで危いからね」

と言った。

あちこちの席から、「カリカリ」という大豆を嚙む音がして、芳ばしい香りがしてきた。

「あれれ、大豆を嚙むと、きなこの味とにおいがする。何でやろ？」

という頓狂な声がした。するとあちこちから、

「ほんまやわ。何でやろ？　不思議」

という声が起こってきた。

私はやおら立ち上がって、皆の前に立つと、

「何も不思議なことはありませんよ。きなこは、大豆を臼《うす》で挽《ひ》いた物なんですから、当たり前

です。今日は、皆さんの歯が臼の代わりをしたのです。このことを、今まで知らなかった人？」と言うと、ほとんどの子が手を挙げた。私は、「二年生の子は、こんなことも知らないんだ」と思っておかしくなった。

私が拾い集めた分は、帰宅後、フライパンで炒って食べた。節分の日の思い出である。

〈してほしいことと、してほしくないこと〉

道徳の時間だったと思う。「してほしいこと」と「してほしくないこと」について話した。

『してほしいこと』は、毎日、元気に学校に来ることです。『してほしくないこと』は、怪我と病気です。これが守れると、天下一品の二年生です」

と、二回繰り返した。その後で、

「たまには、学校に行きたくない日があるでしょう。そんな日は、どうしたらいいでしょう？」

と問いかけた。すると元気な男の子が、

「そんな日は、遠慮なく休む」

と答えたので、私は「ごもっとも」とは思ったが、

「たまにはね。何日も何日も休むのは駄目なのよ」

そう言うと、

「何で、何日も休んだらいけないのかなあ？」

と、納得できない様子。まさか「義務教育だから」とも言えず、困った。

〈「十時間」と「十時」〉

現在の子どもは、夜ふかしして、睡眠不足の場合が多いと報道された。

確かに、朝から欠伸《あくび》をしている子や、目がとろんとしている子が多い。学習意欲に燃えて、目をギラギラさせている子は少ない。

そこで、私は言った。

「昔から『寝る子は育つ』と言われています。寝ている間に、身体が大きくなるし、脳も賢くなるのです。皆さんなら、少なくても十時間は眠ってください」

すると子どもたちは、例の如く、大きな声で返事をした。

「だからと言って、すぐできるとは限らないな」と、私は思った。

それから、数週間後、ある保護者が言った。

「うちの子、前は九時には床に就いていたのに、近頃は十時なんです。『早く寝なさい』と言うと『先生が、十時に寝なさいと言った』と言って聞かないんです。本当ですか？」

私は、ちょっと驚いたが、すぐに分かった。

「十時間」を「十時」と聞き間違えたのだ。

「例えば、七時に起きるとすれば、九時には寝ないといけません」

と、つけ加えて説明するべきだと思った。

二年生の算数の柱は二本で、一つの大きな柱は「九九」、二つ目は「時間」である。「九九」は何が何でもで、「時計の見方」は次に重要なのである。これは、日本人の曖昧《あいまい》さであるが、「時間」と「時刻」の区別をしない人が多い。

「集合時間は八時」は間違い。「集合時刻」と言うべきである。

こんな「あいまいさ」が「十時間」と「十時」とを、取り違えてしまう結果を招いたのだろうと思った。私は改めてみんなの前で、

「十時間寝るのよ。十時に寝るのではないのです」

と言って詳しく説明した。分かったかなあと、まだ心配だった。

〈「九九」の大合唱〉

二年生の学習の大きなヤマは「九九」である。好きでも嫌いでも、完璧に覚えないと、三年生以後の算数ができなくなる。

昔は「二の段」からであったが、現在は、どの子でも苦手な「七の段」や「四の段」から学習する学校が多い。習い始めは、意欲的だからである。

苦手な段では、途中で「ええとー」が入る子が多い。また、「七九・六十三」までに、「七二」から言わなければならない子もいる。

ちゃんとできるようになるには、繰り返すしか方法がない。関西では「七」を、「ひち」と言う習慣があるので「しち」と言うのは難しい。

私は子どもの頃、完璧にマスターしたら鉛筆を一本、先生が「おめでとう」の言葉と共にくれるのが限りなく嬉しかった。

私は、「二の段から五の段」と「六の段から九の段」までの二つに分け、完璧に出来ると、小さな賞状を授けていた。後半の方が覚えにくいので、二枚とも受け取るのは大変だった。

それが分かると、毎日、朝の会の時に、九九の大合唱をするようになった。たいていの子は、「二の段」「五の段」「九の段」が得意なので、その段だけ声が大きくなった。

他のクラスの子も必死なので、二年生の教室のある校舎には、毎朝「九九の大合唱」が響き渡った。

今は、学ぶべきことが多過ぎて、昔懐かしい「九九の合唱」が響いていない学級が多いかも知れないと寂しく思う。

〈無人島の話〉

少しわがままで、人の迷惑を考えない子がいたので、ある日、皆の前で、少し怒っている表情で、

「勝手ばかりする子は、無人島に行くと良いです。無人島なら、何をしても良いです」

そう厳しく言うと、「ムジントウは何のこと?」と聞く子がいる。

「何のこと」は、一、二年の特徴である。そこで、

「誰も住んでいない島のことです。だから、大声で叫んでも、ぶらぶら歩いても、石を投げても、ひっくり返って寝ころがっても、構いません。

誰も迷惑しません。

でも、店も何もありません。食べ物も、自分で見つけなければなりません。おなかがすいても、見つけに行かなければなりません。

周りが海なんだから、魚を釣って来たら良いと思うでしょう。だけど、釣りざおから作らなければなりません。

一生懸命作って、やっと釣りに行こうと思ったら、もう夜が来ていて、誰もいない暗い海岸で、海藻を拾って、それをかじって晩ご飯は終わりです。『もう寝よう』と思っても、ふとんもありません。泣きたくなって、ワアワア泣いたとしても慰めてくれる人は、誰もいません」

皆、静かに聞いてくれたので、

「勝手なことをしては、いけないいな」と、分かってくれたのだとホッとしていると、張本人の彼がニコニコしながら、

「ああ、面白かった。もう一回して」

と言ったので、腰の力が抜けてしまった。

「これが二年生か。目をつり上げても無駄なことかな」

そう思って、おかしいやら、腹が立つやらであった。


〈どちらが楽か、考えよう〉

「廊下・階段を走らない」という目標（めあて）は、どこの学校にも掲示されている。

「学校は違っても、変わらないのだなあ」

と、いつも思うのだが、ある日、

「守るのが楽な方が、規則になっている」

と、発想の転換をしてみた。「我ながら面白い」と、子どもたちの前で訊いてみた。

「みなさん。『廊下、階段を走らない』と『廊下、階段は、どんな時でも走らなければならない』とでは、どちらが守りやすいですか？」

子どもたちは、一瞬、キョトンとしたが、

「『走らない』の方です」

と答えた。それで、

「『どんな時でも走らなければならない』と決められたら、熱がある時も、足をねんざしている時でも、走らなければならないので、大変なことですね」

と言うと、子どもたちは「ふふふん」などと笑っている。

「『友だちと仲よくしよう』と『友だちと、仲よくしないで、けんかしよう』とでは、どうですか？『仲よくしよう』の方が守りやすいですね。『しよう』の方が『しないようにしよう』より守りやすいので、たいていの決まりは、守りやすい方になっているのです」

子どもたちは、よく理解したようだった。

「給食はこぼしながら、やかましく食べよう」などと決められたら困るのだ。

「給食は、こぼさないで、静かに食べよう」の方が守りやすい。「守りやすい方が決まりになっている」と気づいて、守ってくれるようにと、願った。

〈叱られて「ありがとう」と言う子〉

いつでも他人のことが気になる低学年の子は多い。けれども、たびたび後ろを向いて話しかけると、後ろの子が迷惑だと思うのが当然である。それで授業の後、ひどい男の子を残して説いて聞かせることにした。

「ここまでは分かるの？『そうだ』と思うの？」

と確かめながら、話し合った。

よく分かってくれたと思ったので、

「もう帰ってもいいです。気をつけてね。さようなら」

と言うと、彼もあいさつをして廊下に出たが、引き返してきた。そして、

「ありがとう」

と言った。私は驚いて言った。

「えっ、何で？」

すると彼は、少し照れて言った。

「教えてくれたから」

「いい子ねえ。あなた、立派になるねえ」

と、私は心から言った。

彼は、うっすらと涙をうかべて帰って行った。

「叱られる」「怒られる」という言葉には、「られる」が付いている。これは、被害者の表現だ。その言葉の裏には、「かわいそうな自分」が隠れている。だから、反省の気持ちはあまりないように思う。

ところが「叱っていただく」となると、だいぶ違ってくる。「私のために言ってくださってありがとう」という気持ちがこもっている。

叱られて「ありがとう」と言える彼には、見どころがある。進歩がある。今、大人物になっているかも知れない。

教師として「ありがとう」と言ってもらえる叱り方が、いつもできるように修行しなければならないと思った。

〈「六年じゃがいも」とは〉

ある日、女の子が、

「先生、『六年じゃがいも』って、どんなん?」

と、目をくりくりさせながら聞いてきた。

私は、初耳だったので、

「そういうじゃがいもは、知りません」

そう答えた。すると、彼女は、

「いっしょに来て、来て」

と手を引っ張る。ついて行くと、六年生の花壇の前だった。花壇は、学年ごとに分かれていて、学年の名と植えた物の名前を、小さな立札に書くのである。

六年生は、自分たちの花壇にじゃがいもを植えた。しかし、「六年」と「じゃがいも」の文字がくっついているので、彼女は、「六年じゃがいも」という名の物が植えられていると思ったのであろう。私は「面白いな」と思って、ふふんと笑って、

「あのね。『ここは六年の花壇です。じゃがいもを植えています』という意味ですよ」

と言うと、

「なーんや」

と言って、遊具の方へ走って行った。


〈幼稚過ぎる子〉

まだ七、八歳だとはいえ、あまりにも幼稚過ぎる子がいたので、私は話した。

「昔はね、殿様の子などは八歳くらいでお嫁に行くことも珍しくなかったのよ。皆さんは知らないと思いますが、徳川家康という人の孫の『千姫』は、八歳の時に、十二歳の豊臣秀吉の子の秀頼という若殿さまと結婚しました。昔は、子どもの殿様がいました。子どもの殿様は、おそばのお年寄りの家来たちに『殿、いかがでございますか？　ご決断を』と言われても、大変困りました。

子どもの殿様は、何のことかがよく分からなくても『余《よ》は、何のことか分からん』などとべそをかきながら言うわけにはいきません。そこで、子どもの殿様は背筋を伸ばして、『良きに計らえ』と言いました。これは、『お前たちが良いと思うようにせよ』という意味です。年寄りの家来は、頭を下げて、『ありがたき幸せに存じます』と言いました。

これは、今の言葉では『ラッキー』くらいの意味です。昔の殿様は、子どもでも、しゃんと正座して、殿様らしい声で命令しないといけなかったのだから大変だったでしょうね」

すると、みんなケタケタと笑いながら「良きに計らえ」と、つぶやき始めた。すっかり気に入ったようであった。

「お母さんが『今日の晩ご飯、何がいい?』と言った時、『良きに計らえ』と答えると、お母さんは助かります。でも、この言葉は、上の位の『エライ』人が言うことになっているので、あなたたちが『母上様』に向かって言うと失礼になります。気をつけましょう」

現代っ子には、いろいろな欲望があって、なかなか「良きに計らえ」とは言わない。でも、いつも、そういう返答をするような子になっては困る。「決断する能力」が育たないからである。

〈言葉には、人を「殺傷する」力がある〉

保護者から「友達に言われた言葉で、子どもが、ひどく傷ついている」という手紙が届いた。

私は、クラス全体の子に向かって、人の心を傷つけるようなことを、平気で言うのは、とても悪いということと、言われた人よりも言った人の方が、値打ちが下がるのだということを、

しっかりと話した。その後で、

「今、全員が分かったとしても、三年生になって、クラスが替われば、また、同じような『人の心を傷つける』言葉を使う子が、何人か現れるかも知れません。そのたびに、言われた子が、ベソをかいていたら、問題はなくなりません。言われたら、どうすれば良いでしょうか？」

と、全員に向かって語りかけた。

全員、しゅんとしてきたので、「ある足の痛みを持っていた人」の話をした。

「幼い時に足を傷めて、足をひきずって歩くような男の子がいました。その頃は、そういう人をいたわるどころか、からかったり、いじめたりする人の方が多かったのです。

それで、その子もいじめられて、泣き泣き家に帰った日がありました。その子のお母さんは、その子を抱きしめて、涙を流しながら、

『誰がそんなことをするの。お母さんが、言ってあげます』と言いました。

そこに、お父さんが帰って来て、話を聞きました。その後、

『言われて、そんなに悔しいのなら、言われないようにしなさい』と言いました。お母さんは

『何と酷い。この子は、足を引きずりたくて、引きずっているのではないでしょ』と泣きながら言いました。でも、お父さんは、きっぱりと、

『お前は、痛い足をかばうから、そういう歩き方になるんだ。痛い方の足にも同じように身体の重みをかけて歩く練習をしなさい』と言いました。

言われたその子は、早速、歩く練習を始めました。痛い方の足にも同じように体重を載せる

と、とても痛くて苦しかったけれども、少しずつ、少しずつ、それがやわらぎました。

そして、大人になった今、話さなければ誰にも分からないほど、普通の歩き方になりました。『あの時に、かわいそうだと言って、お父さんがいっしょに泣きながら抱きしめていたら、今でも普通の歩き方になれていなかったでしょう。お父さんに感謝しています』とその人は、いつもそう言っているとのことです。皆さんだったら、どうでしょうね」

子どもたちは、シーンとして聞いてくれた。

私は中学生の頃、指名されて、社会の時間に、教科書を読むことになった。予習していなかったせいか、詰まりながらしか読めなかった。読み終わって「恥ずかしい」と思った瞬間、先生は不愉快そうに、

「あなたの読み方は、下手です」

と、言い放った。

私は、悲しく辛かった。そして「二度と、『下手です』と言われてたまるか」と思った。考えた末、三年分の誕生日のプレゼントを前払いして欲しいと両親に申し出た。当時、かなり高価だった「録音機」を買って欲しいと言ったのだった。

両親は承諾してくれた。その日から、毎日朗読の練習を始めた。懐かしいテープ式の大きな機械であった。

私は、意地の練習のおかげで普通の人よりも朗読が上手くなったと、うぬぼれている。

今の子どもは、どうだろう。いじめや、挫折に出会った時に負けてしまって、立ち上がろうとしないし、できない。

「いじめ」は、する方が悪いに決まっているのに、命を絶ってしまうこともある。理不尽な人のために、大切な自分の命を捧げることはない。でも、今、この大切な教育がなされていない。教科の指導で精一杯だからであろうか。指導者に、意欲と指導能力がないからだろうかと、私は、時々考え込む。

昔、私が子どもだった頃は、「自殺する子」などはいなかった。いじめられたり、乱暴する子がいて困ったりしたことはあったけれど、何とか逃れる知恵を絞り出していた。だから、自殺しようなどとは、決して考えなかった。

どうして、今、こうなったのだろう。

〈夕方、五時半頃の電話は怖い〉

一般の会社員は、五時退社の人が多いと思うが、五時に帰る教師はほとんどいない。

重大な事件は、五時半頃から起こる。かかってくる電話で知ることになる。

一番の事件は、「うちの子、まだ帰って来ないんです」だ。

職員室は、すぐにシーンと静まり返る。

「何年何組の誰？」

夕方で暗くなり始めていると、私たちは最悪のことを考えてしまう。

「友だちの家かな？」

「コンビニやスーパーかな？」

「本屋さんかな？」

などと言いながら、それぞれ割り当てられた所に分かれて出かける。

全員出かけた後、保護者から安心の電話。

「今、帰って来ました。ご心配をかけて申し訳ありません」

今のように携帯電話が普及していなかった時には、出て行った先生に連絡の取りようがなくて全員の先生が戻るまでには時間がかかった。

第二の恐怖の電話は、コンビニやスーパーからである。「万引」のお知らせだ。

受話器を取った教師の、「〇〇スーパーですか」と声が聞こえると、また職員室の皆は黙って、

「私のクラスの子でありませんように」と祈る。

ある日、「二年生の……」の声が聞こえてギクッとすると、私のクラスのO君だった。保護者に連絡がつかないので、担任が「身柄」を引き取って欲しいというものであった。

私はがっかりした。「生活指導」担当の男性教諭といっしょに、重い足を引きずりながら、そのスーパーに向かった。私は低姿勢で、

「このたびは、ご迷惑をおかけしまして、申し訳ありません」

と言いながら、店の中に入る。

店の裏側の狭い部屋の中に、O君はかしこまって椅子に掛けていた。

「何を盗んだの。お菓子？」と聞いていると、

「裸の女の載った雑誌ですわ」

と、若い男性が、一冊の週刊誌を持って呆れたように言った。意外な物だったので、私は、

「何でまあ、そんな物。欲しかったの？」

と、びっくりして言った。彼は黙っている。

「裸の女の人の写真が見たかったの？」

と聞いてみたが、彼は「ううん」と曖昧。

「欲しかったけど、お金がなかったの？」

と言うと、店の男性が、

「ちゃんとお金を持っていて、お菓子の分は払ったのに、この本だけ、シャツと上着の間に隠していたので、外から丸分かりで、レジの人が気づいたんですよ」

わずか二年生の幼子が、そんなにしてまで、裸の女性の載った雑誌が欲しかったのはどうしてなのかが理解できなかった。

スーパーの閉店時刻が近づいてきたので、生活指導の教諭と私とで彼を家まで連れて帰り、母親の帰宅を待った。

私がふとかたわらの机を見ると、その下には生理用のナプキンが数個、散らばっていた。

私は思わず拾い集め、机の脚のそばにきちんと重ねて置いた。こういう物は、不潔な物でも恥ずかしい物でもないが、普通の女性は、人目のつかない所にきちんとしまっておくものだけ

どと思った。

しばらく待っていると、母親が帰って来た。事の次第を簡単に話した。彼女は神妙に聞いて、

「遅い時刻まですみませんでした」と言った。

学校に戻る道で、

「生理用ナプキンが散らばっていましたね。普通は、きちんとしまっておくものなんですが……」

と言うと、生活指導の教諭は、

「そうですか。気がつきませんでした」

と言った。男女では「気づき」に差があることに気がついた。

それから数日後の給食の後、彼と向き合って、「どうして、ああいう風な雑誌が欲しかったのか」を聞いてみた。

「ぼくら三人組は、お寺のぬれ縁の下に入って遊ぶねん」

「変な所で遊ぶのね。三人組は誰?」

と私が言うと、「別のクラス」とのこと。

「他の友だちは、家から、こっそり裸の女の人が写っている本を持って来て見せ合うんやけど、ぼくだけ見せてもらうだけで、見せてやることができんので欲しかった」

と、気楽にスラスラと言うので心配になってきた。

「あのね。何でもだけど、万引したら『窃盗罪』という罪で、警察に逮捕されるのよ」

そう言ってから、

「お金を持っていたのなら、万引せずに、お金を払って堂々と買えば良かったのにね」と言うと、

「だって……」

と言ったきり、黙ってしまった。

きっと、レジを通すと、「この本はね、キミみたいな小さな子が買う本じゃないのよ」と言われて買えないことを、彼はよく知っているのだろう。

自分のクラスの子が万引をすると、大変悲しい。「教育が足りなかったのかな」と猛反省する。

しかし、O君のような物の万引は、後にも先にも一回限りであった。

「彼も、もうおじさんだ。今どうしているだろう」と、ふと思い出す。

〈この母の元で、大丈夫だろうか〉

運動場での朝会は、月曜日ごとである。朝の挨拶の後は、たいていは「校長先生のお話」である。それで、一、二年生は「校長先生の仕事は、朝会でお話をすること」と、思っている子がいる。そして「校長」というのは、名前だと思っている子もいる。

朝会では、各クラス、男女別に背の低い子から順にそれぞれ一列に並ぶ。

学期の初めからずっと先頭の男の子は、色白のかわいい子で、前から二番目になることはなかった。彼は、いつも薄着で、半袖、半ズボンであった。私はいつも「薄着で頑張る元気な子」

と感心していた。

ところが、冷たい秋風が吹き始めても、寒風に変わっても、そのままの服装なので、朝会の時は、彼の唇は紫色に変わり、ガタガタと小刻みに震えていた。

「薄着過ぎる」と思った私は、母親に電話をかけた。

「よけいなお世話かも知れませんが、お子さんの服が薄着過ぎるように思います。いつも寒そうですので、上着を着せてくださいませんでしょうか」

と頼んだけれども、

「あの子、薄着で皮膚の鍛錬《たんれん》をしているんです。『全身、顔になれ』という言葉があります。顔は、何も着てなくても大丈夫でしょう」

と、正論のように思えることを言った。

木枯らしが春風に変わると、私は、ホッとした。寒さに震える彼を見なくても済むからである。

ところがある日、彼の脚に異常な赤い傷をいくつも見つけた。膝から足首にかけて、長くて赤いミミズ腫れのような物が数本。近づいて見てみると、化膿しているにように見えた。

「あらっ。これ、痛いでしょう。何の傷？」

「お母さんが爪で引っかいた」

「どうして」

「ぼくが、良い子でないから」

「薬もつけてないの？　お風呂に入ると痛いでしょう？　かわいそうに」

私は、心の中で「かわいそう」を繰り返しながら、保健室に連れて行った。

養護教諭は丁寧に薬を塗りながら、

「かわいそうにね。痛いでしょ」と言った。

それから一月《ひとつき》余り経って、養護教諭が教室まで来て、保健室に来て欲しいと言った。私は、皆に、簡単な自習を指示してから、彼女の後に続く。

保健室では、朝の会の時に「しんどい」と言っていた彼がベッドに横たわっていた。

「熱が三十八℃を超えています。至急、保護者を呼んで、病院に連れて行くように連絡してください」と彼女。

電話機は、教頭の机の上にある。

「お子さんが三十八℃を超える高熱を出して、保健室のベッドで寝ています。今すぐ、保険証を持って、来ていただけませんか？」

「えっ、今すぐですか？」

「そうです。早い方がいいと思いますので」

「ええっ、今から出かけるところなんですよ」

「どんな重要なご用か分かりませんが、大切なお子さんのことを優先していただけませんでしょうか。どうぞ、よろしくお願い致します」

「仕方がありませんねえ。今から学校に行きます」

自分の子どもが高熱で苦しんでるのに、しぶしぶ学校に来ると母親は言う。電話を切った後、「この子は、今に、あの母に殺されます。かわいそう……」と言いながら、ポロポロと落ちる涙をぬぐった。すると、そばの教頭に、「あなたが泣いてどうする。教室に帰って授業を続けなさい。母親が来たら、私がちゃんと対応するから」と言われた。

私は、何もなかったような顔で、教室に戻った。

それから四、五日して、すっかり元気になった彼は、笑顔で登校してきてくれた。「お帰り」と抱きしめてやりたいと思った。

あれから二十年ほど経った。彼は、筋肉隆々の大きな男性になって、美人で優しい奥さんと結婚し、子宝に恵まれ、幸せに自分の選んだ道を力強く歩んでいるといいな、と心から願っている。


現在、子どもを虐待したり、殺してしまう親の事件が、時折、報道される。「親が子を愛する」ということは、生き物の本能だと思うのに、どうしてこんなことになるのかと腑に落ちない。


〈電車に乗っての校外学習〉

昔は「遠足」と言ったのに、今は「校外学習」に変わった。遠い所までは、歩くのではなく、乗り物を使うようになったからだろう。

子どもは大喜びするのだが、教師は心配で胃が痛くなる。一般の人に混じって、小さな子どもを公共交通機関に乗せなければならない。子どもたちは、大人の中では埋まってしまう。教室の中のように大きな声で「ここで降りますよう！」などと、叫ぶわけにはいかない。降りなくて良い所で降りられても困る。

「まだ降りませんよ。次ですよう！」

とも叫ぶことができない。

同じ車両に、他の学校の子どもたちが乗り合わせて来ると、ついつい、ついて行ってしまうかも知れない。こんなわけで前日には、乗る駅と降りる駅の名前を、しつこいくらい言って聞かせ、言わせてみる。

当日、出発の前に、念のためまた繰り返させる。ところが、寝言ででも言えるようにと言ったのに、起きていても「何だった？」と言う子もいる。

不安になりながら、子どもが先、教師は、一番あと、ホームに残った子はいないことを確かめてから乗る。

満員近くの車両に、二年生がチョコチョコと乗り込むと、数人の高校生らしい女の子たちが、

「かわいい。めっちゃかわいい」

「ほんまや。めちゃくちゃ、かわいいなあ」

と、心から言う。それを聞いていた私が、

「みんな、かわいいんだって、よかったね」

と、近くの子どもに言うと、

「たまには『ガキ』も、いるけどなあ」

などと、自覚している子もいるようだ。

先ほど「めっちゃかわいい」と言ってくれた女の子に、

「かわいいでしょ。でも、三十七人を一列に並べるだけでも大変ですよ」

と言うと「分かる、分かる」などと言ってくれた。

彼女たちと少し離れた所にいる二十歳前後の男性が、

「ええなあ。このくらいの歳に戻りたいわ」

と真面目に言うので、私が、

「いくら何でも、ここまで小さくは、なりたくないでしょう」

そう言うと彼は、

「いや。この年がええわ。やり直せるから。この年に戻れたら、やり直したいことが、あるんやから」

と、「やり直したい」を何回も言うので、何を失敗したと思っているのかをじっくりと聞いてみたくなった。

私は時々、バギーに乗った赤ちゃんを見て、若い日に戻りたいと思う時があるけれど、『ここまで若くなりたくはない』と、考え直すことが多い。生まれて今までの、苦労したこと、辛かったことは、もう繰り返したくない。

降りるべき駅でちゃんと降りて、思い切り遊んだ子どもたちは、元気いっぱい歩き、空《から》になったペットボトルを揺らしながら、学校に戻ってきた。

子どもたちは、元気はつらつ、教師は、ほっと一息。無事が何よりである。

二年生のエピソードは、まだまだあるのだが、このくらいで閉幕。元気いっぱいの子は命が輝いている。前途洋洋である。頼もしい。

中学年（三、四年生）

私が初めて担任となったのは、三年生だった。これから先、四十年間も教職に就くほどの決意は、まだなかった。

「学生さん」と呼ばれていたのに、一か月も経たないうちに「先生」と呼ばれるようになったのだから、人生の大切な分岐点に立ったのである。「小﨑さん」から「小﨑先生」に変わった。呼ばれるたびに、「いいのかな？」と思った。若くて純情な教師だった。

初めての学校は、古い歴史のある小学校で、玄関は写真で見る「尋常小学校」とよく似ていた。本館の入口には、貫禄のある「蘇鉄」の木が植えられている。

少し離れた花壇のような所に、古ぼけて少し壊れた二宮金次郎の銅像が立っていた。あまり大切にされていないのか、金次郎の手の平にあったはずの本がなかった。

木造の校舎で、廊下は黒光りしていた。
三、四年生は、何度か受け持つことになったが、順不同で記したいと思う。

〈着任早々の大失敗〉


始業式までに受け持つ学年が発表され、最初の教え子になる子どもたちの氏名が並んだ出席簿が渡された。

自分の教室はどこか、当日までに行ってみた。今は、一人一人別の机だが、その頃は二人机であった。境界線はくっきりとしていて、先の鋭った物で何度もこすったのだろう。境界線争いは熾烈だったのかなと思った。私の小学生時代は、相手のスペースに少し入ったと言って争いになったこともあった。

始業式で担任発表があり、式が終わると、担任は子どもたちを率いて教室に入る。

私はわくわくしながら歩き、教室に入った。

「今日は、自由に座っていいです」

そう言うと、みんな大喜びで仲よしどうしが座った。

少し落ち着いた時に、先輩の先生が顔を出して、

「あなたのクラスは隣の教室ですよ。今日は、あなたの教室に私のクラスの子を入れます。明

日からは違う教室なんだと、しっかりと言ってね」

と言われた。私は「しまった」と思った。

「何のための下見だったのか。ドジな私」

と、すっかり落ち込んだ。教師としての最初の大失敗だった。

「明日は、隣の教室にこのままの形で入ってね。ごめんね。大丈夫かな？」

「大丈夫。なんで教室が隣になるん？」

「急に予定が変わったそうです」

自分が間違ったとは言えず、子どもたちに嘘をついた。

子どもたちは、普通の日より早く帰宅できるのが嬉しいのか、「さようなら」と元気よく挨拶して帰って行った。

その後、先輩の先生に、

「すみませんでした。ご迷惑をおかけしました」と、深々と頭を下げた。彼女は、

「いいのよ。初めは失敗がつきものです。子どもさえ無事であればね。『ごめんなさい』では済まないことが多いのよ。教育界はね」

と、悟すように言われた。優しい先輩だった。

大切な宝物である子どもを、四十名近くも預かる仕事は大変だと、心を引き締めた。

〈しゃべりまくる子どもたち〉

始業式の日は緊張していたのか静かであったが、翌日からは何やらざわつき始めた。何を言っているのかはっきりとは聞き取れなかったが、なかなかシーンとしない。

「この学校の子どもたちは、無駄なおしゃべりをしますね」

と、先輩の先生に言うと、

「あなたが新米教師だからじゃないよ。ベテランの先生でも同じようなものです。それで、静かにさせたい時には、長い竹の棒で黒板を『バーン』と思い切り叩く。子どもはびっくりして、一瞬、シーンとなる。そこで、大切なことをベラベラとしゃべる」

と、教えてくれた。

教室に行ってみると、黒板の脇に長い竹の棒が立て掛けてあった。そして、黒板の面には、叩いた傷あとがたくさんあった。

私も真似してやってみた。確かに効果があった。しかし、教師が心を込めて字を書かねばならない所に傷を付けるのは嫌だと思った。何か良いアイデアはないだろうかと考え込んだ。

〈子どもとふれ合おうと思い立つ〉

現在ならとうていできないが、その頃は若くて元気だったので、休憩時間はいっしょに遊ぶことを思い立った。肌と肌とが触れ合う「相撲」をすることにした。

授業終わりのチャイムが鳴ると、すぐに子どもたちと手をつないで砂場まで走って行く。「ハッケヨイ」と、自立的に行司になる子が出てきた。

子どもと相撲を取る時には、必ず勝てる子を相手に選ぶ。先生は、そっと砂場に寝かせるようにして転がして勝たねばならない。かなり余裕を持って勝たないと、投げ飛ばして怪我をさせるかも知れないのだ。

強過ぎる子は、先生に全力でぶつかって来て、自分が怪我をしてしまうから、授業ができなくなってしまう。それでは困る。

強い子どうしを取り組ませ、どちらかが負けそうになると私が割って入り、

「ハイ、相撲はこれまで。引き分け――」

と宣言する。皆、ニコニコ顔になってくる。

「あなたは、子どもと、よく相撲しているね。若いのはいいいね。うらやましい」

と、たびたび言われた。若き日の思い出だ。

〈叱る時は、暗くて低い声で〉
無駄話が多いと、私は陰気な声で、
「皆さん」

と、子どもたちの正面に立って、静かに言う。

「先生、怒っとるで」と敏感な子が言う。

すると、少し静かになってくる。そこで、

「あと、何分あればいいですか？　〇〇くん」

と、一番大きな声の子にたずねる。彼は、

「もういいです」

と、小さくなって答える。

「じゃあ、あなたは、何分要《い》りますか？」

「もう、いいです」と、別の子。

「五分間黙ったら死ぬような病《やまい》にかかっている人はいませんか？」

「そんな人は、いません」

「では、授業を始めてもいいでしょうか？」

「いいです」

「ありがとう。では――」

という奇妙な問答をした方が、「静かにしなさい！」と金切り声を上げるより楽だ。

この後、話を聞かせる。

「顔には、大切な物が付いています。耳が二つ、目が二つ、鼻は一つですが、穴は二つですね。

ところが口は一つですね。何故、口は二つないのでしょうか？」と問いかける。

「口が二つあったら、気味が悪いから」の答え。

「それは、生まれた時から一つだからです。生まれた時から、誰でも口が二つあったら、慣れているから、当たり前になります」

皆、そうかなあという表情である。

「このわけはね。しっかり見るために、目が二つ。しっかり聞くために耳も二つ。しっかり嗅ぐために鼻の穴も二つあります。しゃべるのは、その半分で良いので口は一つしかないのです。穴が二つのものは、勉強が入ってくる所です。一つの穴は、考えたこと・思ったことが、出て行く所です。しゃべってばかりいると、大切な勉強したことが、どんどん出て行って、ついには空っぽになってしまいます。大変ですよ」

三年生は純情で可憐である。私の話を真剣に聞いてくれた。

〈二宮金次郎さんは〉

授業の後でホッとしていると、二人の女の子がやって来て、

「二宮金次郎さんは、どうして、手相を見てるんですか?」と聞く。

「うん? どういうことを言ってるんですか」

私は、意外なことを聞くもんだと思った。

彼女たちに手を引っ張られながら行って見ると、着任の時に見た二宮金次郎の壊れた銅像であった。あったはずの本がなくなっているので、確かに両手の手相を見ているように見えた。

「なるほど、ホントホント……」と笑ってから、

「本当はね。開いた本が両手に載ってたのよ。その本がなくなったのよ」

そう言って、二宮金次郎さんの話を簡単にした。

現在は、あの銅像は教育的ではないという声が出て、姿を消した学校が多いと聞いている。

それにしても、あの学校の二宮金次郎さんは、どこに行ったのだろう。

〈スカートめくり――するなと言っても〉

全員ではないけれど、中学年の子どもは、「するな」と言うと、よけいに「する」ことがある。

文字の指導などの時に「このように書く人がいるけれど、これは間違いです」などと言うと、間違った方を覚えることがあるので、間違った方は示さない方が良い場合がある。

どこから発生したのか、「スカートめくり」が流行《りゅうこう》したことがあった。男子がかわいい女子のスカートをめくり上げて、「キャーッ」とか言って逃げる変な遊びである。品のない遊びなのでとめようと思った。

「近頃、女子のスカートをめくって大喜びする遊びが流行《はや》っているようです。女子はとても嫌がっています。上品な遊びではありませんので、やめてほしいです。

でも、どんな場合でも駄目だとは言いません。スカートをめくる場合は、よく考えなさい。

男が女のスカートをめくるなんてことは異常です。それをしても、やっと許されるのは、将来、その女性と結婚する予定の人だけです。だから、スカートめくりをする相手が好きで好きで、

結婚しようと思う人だけにしてもらいたい。選ぶのが難しいですよ」

こんなに言っても、ついつい調子に乗ってしてしまう子がいる。すると、まわりの子が、

「やーい。お前、○○さんと結婚するんか」

などと、はやし立てる。これは「かなわん」ことである。

かくして「スカートめくり」は、ぴたりとやんだ。特許を取りたいほどの名案だった。

〈「いただきます」は、誰に向かって〉

子どもたちの楽しい時間は、給食の時間である。けれども、教師にとっては、一時間の授業よりも疲れる。小さな子どもにとっては準備が大変だ。カレーの時には、人数の多いクラスでは量が多いし、熱いのでひっくり返したら、係の子は大火傷を負う。大変なので、担任はついて行ってぴたりと横に付く。

配り終えると、日番が前に出て、

「手を合わせて――いただきます」と言う。

中には、パチンと打ちつける子がいるので、

「それは『手をたたく』です。神社のお参りではないので、音を出さずに、そっと手を合わせるのです」と指導する。

しかし、何回言っても「打ち鳴らす」子がいる。嬉しくて、早く食べたいと、張り切るのだろうから、仕方がないかと思って諦める。

時々、全校放送が入る時がある。それは、「給食指導中、失礼します」から始まる。

「先生、今、指導中、なん（なんですか）？」と不思議そうな声を出す子がいる。

「先生も、食べてるだけやのに」と続ける。

そこで、指導中だと思わせることにした。

「皆さんは、『いただきます』と、誰に向かって言っているのですか？」

と、正面に立って授業中のように真剣に問う。

「調理師さんにです」

「給食当番の人にです」

「給食費を出してくれたお父さん、お母さんにです」

などと、いろいろと答える。そこで私は、

「給食のために、命をくれた動物や植物に向かって、『命をいただきます』と言うのです。

牛肉は、牛が死んでいるので、牛の命をいただくのです。チリメンジャコは、もっと大きくなって立派なイワシになりたかったのに、途中で命を落としてしまったのです。命をいただいたのよ」

と説明する。すると、

「えっ、チリメンジャコは、イワシの子どもなん？　びっくり」と奇声を上げる子。

「そうですよ。今まで、知らなかった人？」

私の問いに、たくさんの子の手が挙がる。

「あれっ、まだ、入れ物にチリメンジャコが、三百五十四もへばり付いています。三百五十もの命ですよ。このまま捨てられたら、かわいそう。おかず係の人、きれいに集めて、自分の食器に一匹残らず入れなさい」

チリメンジャコは、大きな球体を真二つに切ったような大きな「ボウル」に入れられ、「おたま」で食器に入れるので、一匹残らず配り終えるのは至難の技なのである。ヘラのような物が要るなと、常々私は思っている。

係の子は、悪戦苦闘で一匹残らず、自分の器に入れた。そして、

「ほんまやあ。ようけ残っとった。三百五十匹ぐらいは、いたかなあ。先生、数えるのが速いねえ」

などと妙なところで感心している。本当に数えたわけでもないけれど、せっかく誉めてくれたのだからと、私は胸を張って、

「速いでしょう。そりゃあ、先生ですから」

と威張って見せた。かわいい子たちよ、ごめんね。

「先生、大根や人参も、命があるん？」

「あるに決まっています。動物も植物も、生きている物は、すべて命を持っています。そして、子どもを作って、大きくなってほしいのです。ところが、人間が途中でひっこ抜いて食べてしまうと、人参や大根の命はそこで終わりで、子どもを作ることができなくなります」と語ったところで、

「大根や人参は、どうやって子どもを作るん？」との疑問。

「花が咲いて、実ができて、種子《たね》ができます」

「えっ。大根や人参の種子なんか、あるん？」

「当たり前です。ほうれん草でも、ごぼうでも、ねぎでも、あります」

子どもたちが、あまりに、びっくりしたり感動したりするので、「都会の子は、こんな状態なのか。これでいいのかな」と思った。

人参や大根は、さし木のようにして子孫を増していくのだと思っていた子もいた。

「たくさんの命をいただくのだから、『美味しくない』と言ったり、残してゴミにしたりしたらいけませんよ」

そう言ってから、他の命を奪って自分が生きることは酷《ひど》いことだと思って食べなくなると困ると思って、「食物連鎖」の話を嚙み砕いて話した。誤解されるととても困るのだ。

「やっぱり『給食指導』やわあ。授業みたいやった」と言ってくれたので、

「分かっていただいて恐縮です。ありがとう」と、丁寧にお礼を言うと、

「恐縮は、何やろか？」

などと言いながら、ほとんどの子が完食した。「生きた教育だった」と私は満足した。

〈ピアノ伴奏で歌わせたい〉

学生時代にピアノの猛練習をしたので、音楽の時間にはバンバン弾いて、大声で歌わせたい

と思っていた。

ところが、音楽室は四年以上の専科の時にだけ使うもので、三年以下は教室で、鳴らない所もあるオルガンで授業するのだと聞いて、がっかりしてしまった。

私が、あんまりがっかりしているので、

「第二音楽室がありますよ。暗いし、防音装置はないし、ピアノは古いアップライト（たて型）だけど……」

と、ある先生が言ってくれた。早速、見に行くと、物置を改造したのではないかと思うほど暗かった。ピアノはポンポロリンではなく、ビヨーンという音で、ピアノというよりチェンバロの音に近かった。

けれども、教室の古いオルガンよりはましかなと思ったので、空いている時にはこの第二音楽室を使わせてもらうことにした。

私は、水を得た魚のように、愉快に古いピアノを弾いた。子どもたちは、小さな口を大きく開けて、嬉しそうに歌った。

大学を卒業したばかりの時は、今よりは、ずっとずっと上手だった。

その頃、舟木一夫の「高校三年生」が大流行していた。それでその曲を弾くと、子どもたちは、教科書の歌よりも、大きな声で身体でリズムを取りながら歌った。

その日の放課後、男性の先生が、

「音楽の時間、『高校三年生』を歌っていたやろ。うちの教室は算数の時間やったが、いっしょに歌いだして、授業にならんかったよ」

と、厳しくはなかったが、抗議をされた。

「やっぱり、防音装置のない音楽室じゃあ、ピアノをバンバン弾くのは駄目かな」

と思って、「どうしようかな」と考え込んだ。

この音楽室は暗い。雨や曇りの日は、照明を消すと、夕暮れのようになった。

逆転の発想で、「物語の語り聞かせの絶好の場所」だと思いつき、小泉八雲の『怪談』を語ることにした。

子どもたちは、「キャーッ」と気味悪がって叫ぶけれども、怖いお話が大好きである。

今なら、そんな余裕はないけれども、その頃の私は平気で、暗い日は、半分が音楽、半分が怪談であった。

おそば屋さんで、堀端で顔がのっぺらぼうの女と出会った話をしていると、おそば屋さんが手で顔を隠して振り返り、「こんな顔だったかい?」と言いながら手をなでおろすと、おそば屋さんの顔も「のっぺらぼう」だったという「むじな」は、大変怖がり大変面白がった。

あの時の子どもたちは、「むじな」という怪談を、今でも覚えているだろうか。

「高校三年生」は、教室のオルガンで歌わせることにした。

他の「仮面ライダー」「宇宙戦艦ヤマト」のような漫画やアニメの歌は、「さようなら」の前に歌った。隣のクラスの子たちが、窓からうらやましそうにのぞいていた。そこで、

「みなさんも、入って、いっしょに歌いませんか?」

と誘ったが、皆、遠慮して入って来ることはなかった。

〈打楽器の居残り練習〉

三年生のクラスが一組ずつ出演する郡部の音楽会が開かれることになり、私のクラスが選ばれた。

習い始めたばかりの「たて笛」と打楽器だけの合奏だった。

K君は、「たて笛」は全然吹けないので、カスタネットを自分で選んだ。大太鼓が「ドン」と打つとカスタネットで「カッカ」と打つ。「ドンカッカ　ドンカッカ　ドンカカカカ」「ドン」と打つ。とても簡単だ。

けれどもK君は、「カッカ」と「カカカカカ」の区別がつかない。カスタネットは小さな楽器だけど、「カカカ」と乾いた甲高い音を出して目立つので、正確に打ってほしいと思った。でも、緊張すればするほど、彼は間違った。

それで私は、遠慮がちに言った。

「ねえ、K君。相談なんだけど、みんながいるとあがって間違うので、放課後、先生と二人だけで練習してみようか」

すると、彼は、

「ぼくは、アホなんです」

と、涙を流しながら言った。

私は一瞬、どうしようかと思ったが、普通の表情で、

「えっ、そんなことはないと思いますよ。本当のアホは、自分で『アホなんです』などとは言いません。どうして、自分はアホだと思ったりするの?」と、たずねた。

「ぼく、小さい時に転んで、鉄板に頭をぶつけたんで。『あれから、お前はアホになったなあ』と言われているんです」と、また泣く。

「そんなことないのよ。頭には堅い骨があってね。大切な『脳ミソ』を守っているのよ。鉄板に頭をぶつけたくらいでは、頭の骨は、ビクともしません。頭の中の脳が、ちょっとびっくりしただけですよ。放課後、二人仲よく練習してみましょうね」

そう言うと、彼はやっと涙をぬぐって笑った。

他の子どもが帰った後、私は彼と向かい合ってカスタネットを左の手の平に載せてやり、

「右手で叩きつけるのではなく優しく、ノックするように、トントンとね」と言ってから、

「私の左手は大太鼓です。『1・2・3』と打つ時に言います。私の左手が机を叩いて『1』です。『2・3』は、あなたがカスタネットをノックする音です。じゃあやってみましょう。『1』(私が左手で机を叩く)カスタネットで『2・3』です。ハイ、『1・2・3』——」

これを何回も繰り返した。できるようになったところで、

「『2・3』は言いません。私が右手で合い図をします」

机を叩く「1」と、カスタネットの「2・3」が、何回もスムーズに流れ始めた。

「では、私が『ラララ』で節を歌うから、しっかり打ってね。私の右手に合わせてね」

彼は笑顔になって、リズムに乗り始めた。「ナイス、ナイス」と、私は大喜びした。

次の日は、「1・2・3」に続く、「1・にい・さん」（2と3は二つ打つ）も練習した。

何日かの練習の後、できるようになったことを母親に知らせた。すると彼女は、

「放課後、お疲れのところ、ありがとうございます」と丁寧にお礼を言ってくれた。

現在の母親の中には、

「何で、うちの子だけ残されないと、あかんの。うちの子だけが、劣っているんやろか」

などと「被害者」みたいな言い方をする人がいる。

だから、現在の教師は、居残り勉強や練習はほとんどさせない。

——さて、いよいよ、子どもたちが舞台に立つ日になった。

私は、子どもたち以上に胸が高鳴った。「成功しますように」と願った。

曲が始まった。私は、彼を見つめる。彼も目を見張るようにして、私のタクトを見てくれた。

「ナイス、ナイス」と心の中で言い続けた。

曲が終わると、お客さんの大きな拍手。私は、子ども全員に向かって拍手を送った。

翌日、彼に、

「頑張ったね。良かったよ」と言うと、

「頑張ったー。ぼく、アホとちがうわ」と言う。

「当たり前でしょ。皆、いい子ばかりね。嬉しかったわ」と私は言った。

〈肩を脱臼した男の子〉

「小﨑先生。至急、保健室においでください」の放送。保健室まで来いという知らせは、ぞっとしてしまう。誰か、怪我をしたのだ。

「肩の脱臼です」

と、保健教諭。三角巾で固定された彼の顔色は、真っ青である。

「何をしていたのですか？」と、問うと、

「藤棚から落ちたんですよ」と、教諭が代わりに答えた。

「藤棚から人が落ちるなんて、聞いたことがありません。摩訶不思議――」

と言いながら現場に連れて行った。そばに藤棚のある鉄棒の所だった。彼の話によると、

「鉄棒の上に立って、ひょいと見ると、藤棚の太い鉄のパイプが並んでいた。ここから、あのパイプまで飛んで、パイプを摑んだら、面白いと思った。だけど、摑めんかったので落ちた」

だった。

藤棚の鉄のパイプは太く、小学生には摑めないものだった。今までに、そういう怪我はなかったので、呆れ果てていると、呼び出された母親は、裏門から入ると小走りで私たちの所に駆けて来て、口を開いた。

「お前なあ。学校一のアホやわ。あんなに太いパイプが摑めるはずはないやろ。痛い言うて泣いたら、アカンでー。あんたが悪いんやからね」

あんまり、ポンポンと怪我人を責め立てるので、彼がかわいそうになって、

「お母さん。本人がとても痛がっているので、少しなぐさめてあげてください」

と言ってみたが、

「アホやから痛い目に遭わんと、分からんのですわ」

と、今さら優しく言う訳にもいかんと思ったのだろう。

「先生は、『安全指導』は、ちゃんとしてるんですか？　学校は、『管理責任』をどうとってくれるんですか？」

などと厳しく責める保護者が多いのに、「お前はアホか」と本人を叱ってくれたので、正直「助かった」と思った。

クラスで、子どもたちに、

「鉄棒は、上に登って歩くために作られてはいません。本当の使い道と違う使い方をすると事故のもとになります。まして、藤棚のパイプは、藤のつるや花を支えるためにあります。藤以外のものがぶら下がるなんて、もっての外です」

と、厳しく説教した。

怪我をした彼には、再び藤棚の所に連れて行き、

「離れた所から見ると、何でも小さく見えるでしょう。自動車でも、遠くにあると小さいですね。藤棚も、少し離れた所にあると、パイプは細く見えるのです。遠くから見ると小さくても近くから見ると大きいことが、よくありますよ。

月は、地球から見ると、普通の大きさのお皿くらいでしょ。でも、本当は、かなりの大きさ

なのですよ」

と、説き聞かせた。

これで、彼は少し賢くなっただろうか。

〈一世一代の大授業〉

神戸市には「神戸市小学校教育研究会」というのがあって、教科別に分かれて研究する。これを「神小研《しんしょうけん》」と呼び、全員、いずれかに属して活動する。

私は、大学時代に音楽の専攻生だったので、当然のように「音楽部」に属していたが、四年生以上の担任は、専科の先生が授業をされるので担任が音楽を教えることはなくなる。それで、本来好きだった国語部に移ることにした。早々に変わったので、三十年ほど「国語部の小﨑さん」として過ごしてきた。私は音楽専攻生だったのに、「ピアノも弾ける」と言われ、はじめは変な気持ちになった。

まだ二十代の時に著書を持ったりしたので、若いうちから、国語部の委員にならせてもらった。妬まれて、嫌みを言われ、隠れて泣いたりしたこともあったが、勉強の場を与えられ、たくさん勉強することができた。

N校長に、

「頼まれ仕事と頼まれ原稿は、全部、受けなさい。一度断ると、二度と頼んでもらえなくなる。断るのは、大人物になってからにしなさい」

と、言ってもらえた。それで私は何でも引き受けたので「断ることをしない人」ということになった。三十代は、夜中まで原稿を書いたこともあった。

国語部は、夏休みのお盆頃に開かれる、全国国語研究会に参加していた。私たち、若い委員は、受付か講師の方の接待の役をした。会場は「文化ホール」で、毎年、喜んで働いていた。

接待の役は嬉しかった。有名人と言葉を交わすことができたからである。一流人でも謙虚な方、いばりちらす人、裏のお姿が分かり「人間」というものを深く考えるチャンスにもなった。

ある年の夏、国語部長の校長先生から電話があった。

「お願いしたいことがあります」

「分かりました。お手伝いします。受付でも接待でも致します」

「いや、そういうことじゃないんです」

「えっ。他に何かありましたでしょうか」

「大ホールでの授業をお願いしたいのです」

「えっ……」

「あなたに断られたら、もう頼む人がないんです……」

「夏休み中、しかもお盆の時に、子どもを学校に絞り付けることになりますので、校長と保護者の承諾が要ります」

「校長先生には、私から頼みますから」

毎年の研究会では、一人、文化ホールの舞台上に机と椅子を並べて授業をすることになっていた。観客は千人以上のプロの教師である。日頃の研究授業とは、全然違うのだ。これは「えらいこと」である。でも、二度とないチャンスであった。それで、私は受けた。

校長と子どもたちの承諾を得た後、PTAの私の学級だけの会を開いた。保護者の方々は、

「お盆の里帰りは延期します。子どもたちの一生の思い出になります」

と、快諾してくださった。

この時の受け持ちは三年生であった。

「変にカッコつけたり、ビビッたりする高学年より、無邪気な学年の方がいいかも知れない」

と、私は少し安心した。

私の得意分野は「作文」であったが、舞台の上でひたすら書かせて、お客さんは見つめるだけでは「サマにならない」と思って、文学作品の授業に決めた。

「文学の公開授業で、第一時限目と、最後だけはするなよ」

という発言を聞いたことがあるので、四時限目か五時限目はどうだろうと決めた。

夏休みが近づいた時、私は言った。

「暑い時ですが、四日間ほど登校してください。三日間教室で勉強してから、次は大ホールでします。舞台の上です。他のクラスは休みなのにちょっと嫌でしょう。でも、その代わり、上等のアイスキャンディーを、舞台の授業の後、このクラスの子だけにあげます」

食べ物で子どもを釣るなんて卑怯かと思ったが、みんな大喜びで乗ってくれた。

教材は『モチモチの木』（斎藤隆介作　滝平二郎絵〈切り絵〉）で、「豆太は走った」という箇所に決定した。

私は、度胸のあるほうだと思っていたが、前日は熟睡できなかった。目が覚める直前に夢を見た。授業が終わる頃になって、活発に、子どもたちが発言し始めて、お客さんに、

「あるまじきことですが、やっと、子どもにエンジンがかかって来ました。誠にお恥ずかしいことですが、十五分間だけ延長させてくださいませんでしょうか」

と言って、最敬礼している夢であった。

当日は、嬉しいことに晴天だった。まず、教頭に、アイスキャンディーの手配を頼んで、「大ホール」に向かった。学校から遠くないので、二列に並んで歩く。

舞台には、やむを得ず参加できない五人を除いて、全員の机と椅子が、教室と同じように並べられている。黒板は、脚に小さな車輪の付いた「移動式」の物だった。上等の緞帳《どんちょう》が下りていた。

学校のチャイムの音とよく似た始業の合い図と共に、緞帳が厳かに上がり始め、客席が明るくなり、観衆の姿が見え始めた。ぎっしり満員。千人を超す人だった。

「ひゃーっ。ようけ、おる！」

子どもたちは驚いて、小さな悲鳴のような声をもらした。顔は青ざめて、かたい表情の子もいる。

私は一瞬、「どうしようか」と思ったが、黒板に「モチモチの木」と書いた。そして、

「作者は誰ですか？」と問いかけた。

子どもたちは「斎藤隆介」と、ボソボソ声で言った。

「声が小さい。もっと大きな声で」

と言うと、「斎藤隆介！」と、叫ぶような声が響いた。

これで、すっかり気持ちが戻ったのか、いつもの三年生になった。何しろお客さんは、私と同業の教師なので、身につまされたのか、大きな声に拍手を送ってくださった。

「『豆太は走った』とありますが、この大きな舞台で、豆太の真似をして走ってみたい人？」

と言うと、小柄な男の子が、元気よく手を上げて、舞台の端から端まで懸命に走った。物語の中の豆太のように小さくかわいくて、私は拍手を送った。お客さんも同じだ。

「三年生で良かった」と、私は、つくづく、皆に感謝しながら思った。ありがとうね。

仮のチャイムが鳴るまで、皆よく頑張った。夢のようにはならなくて良かった。

「『斎藤隆介』と二回も言わせた意図は何ですか？」と研究会の後で、聞く人がいたので、私は、

「それを、愚問と言うのよ」と思いながら、

「単なる景気づけです。意図は大したものではありません」と答えた。

子どもたちと私は、大任を終えて学校の教室に戻った。教室にはすでにアイスキャンディーが運び込まれていた。全員に配ってから、私は言った。

「よく頑張ったね。勝ち鬨《どき》を上げよう」

「エイエイオー！　エイエイオー！」

全員、アイスキャンディーを縦に持って、天井に向かって突き上げるようにしながら叫んだ。その後、揃って食べた。子どもたちは、この上もなく幸せという顔をして、口々に舞台上のことや気持ちを語り合った。

子どもたちが家路についてから、教頭にお礼を言って、「おいくら、お支払いしたらいいでしょうか」と、アイスキャンディーの代金を伺うと、

「お金は、ええわ。学校の費用から出しておくから」と、言ってくださった。

夏が来ると、あの日のことを思い出す。

あの愛《いと》しのわが教え子は、今、どうしているだろう。

〈自閉症のMさん〉

長い教師生活で、一回だけ自閉症の子を受け持った。私の研究・勉強の不足で、十分なことができなかったと悔やんでいる。

四月の初め、保護者から「皆と同じことができない」、「はみ出した行動をしがちである」などと聞いた。私は軽く「そういうお子さんは、どのクラスにもいますよ」などと言ったのだが、Mさんは、私の想定をはるかに超えていた。「自閉症」とのことで、皆の中にいても、自分だけの狭い箱の蓋を閉めてしまう病であると、少しずつ分かってきた。

「これは何色?」「赤」、「これは?」「黒」のような対話はできるのだが、「ここが赤くなっているのはどうして?」という問いには答えられない。「赤くなってる。赤くなってる」と繰り

返したりする。

国語の時間も、教科書の中の物語ではなく、自分の世界に入り込んで、「キャーッ」などと叫んだりして、他の子はびっくりする。

一番困るのは、校外に出た時に、バス停があってベンチがあると、走って行ってベターッと座ってしまうことである。「行こう」と手を引こうしても、お尻がくっついたように動こうとしない。困ってしまうのである。

母親と話す時には「困ってしまう」という言い方をすると、「うちの子は邪魔なんですか」と言われたりしそうなので大変気を使う。

授業参観日に、国語の文学の授業で、大詰めになって、いいムードになった時、彼女は、突然「キャーッ」と叫び始めた。しばらく様子を見ていたが、数分続いた。

母親は、いたたまれなくなって、教室から廊下に出た。「これほどまでとは——」と思ったのだろう。彼女の気持ちを思うと、心が痛いけれども、日頃の自分の娘の姿を知ってもらって良かったとも言える。

ある日、Mさんの太股に、赤い線が何本も付いているのに気がついた。何の傷かと問いたいが、「……の傷です」と答えられないので直接、母親に問う。

「九九や漢字が出来ないので叩きました」

と、正直に答えてくれた。何で叩いたのかと問うと、ラップの硬い芯だと言う。

「叩くのは良くないのですが、どうしてもという時は、ご自分の手にしていただきたいです」

と言うと、彼女は、

「だって、手で叩くと、手が痛いですから」

と、平然と答えた。叩く時は、人道的に、道徳的に、許されない時だけにして欲しいと思ったが、言えなかった。

校外学習の日が近づいた。学年全体が列になって道路を歩かねばならない。それが二回もある。私のクラスだけ遅れて歩くわけにはいかない。熟慮した結果、大柄の男の子二人を「Mさん係」にし、左右からエスコートしてもらうことにした。

クラス全員の前で、

「校外学習の日、『Mさん係』を作ろうと思います。身体の大きい男子二人です。この二人は、Mさんをエスコートします。男性は大人になったら、女性をエスコートする立場になります。一足先に、二人にそのチャンスを与えます。周りの男子も協力してください。『Mさん係』、よろしくね」

と、二人に言うと、「ハイ。頑張ります」と言ってくれた。

当日である。二人の「男性」に両側を固められ、Mさんは順調に歩く。

そのうちバス停に近づく。ベンチがある。エスコート役の二人は、優しく語りかけ、座らないように頑張る。「よかった、よかった」と思いながら、私は、クラス全体を見ていた。

目的地には、他のクラスより少し遅れて到着した。エスコート役の二人は、かなり疲れている。

「お疲れさま。ありがとう」と小さな声で、ねぎらった。

お弁当の後の帰途は、Mさんの緊張がとけ始め、エスコート役の二人は、困りはてて表情は、少し暗くなってきた。

やっとのことで、学校に戻って来た時、たくましい二人の「男性」は、疲労困憊《こんぱい》の様子だった。Mさんは、元気で笑っていた。

「皆さん。二人の紳士のすばらしいエスコートで、全員、無事に帰って来られました。ありがとう」

と言うと、皆、拍手してくれた。

私も疲れ果てていたが、心は晴れていた。


その頃は、日番がクラスの点検をしてから入口の戸に施錠して、鍵を職員室の定位置に掛けることになっていた。

そろそろ日暮れになろうかという頃、ある先輩が、

「あれっ、小崎先生の教室の鍵が戻っていませんね」

と言った。私は、

「まあ、今日の日番は、怠けたのかなあ」

そう呟きながら、教室に向かった。教室内は薄暗くなっていた。

入口の戸を開けようとして、びっくり仰天した。

薄暗い中にMさんがいたのだ。

彼女は座ったまま、右手にコンパスのギザギザの所を二本の指で持って、ブラブラと動かしていた。

「Mさん、びっくりした――」

私は彼女の手を取って、コンパスをしまうように促した。「さようなら」で、教室を一旦出たのに、何かを思い出して引き返して来たらしかった。

「彼女が残っているのに気づかず、私が帰宅してしまっていたら、どうなっていただろう……」

そう思うと、ぞっとした。

日没近くなっていたので「早く帰りなさい」とも言えず、保護者に迎えに来てもらうことにした。

母親は、すぐにやって来た。私は、事の次第を話した後、

「Mさんが教室に残っていることに気づくのが大変遅くなって、申し訳ありませんでした」

と、静かに深く頭を下げた。

母親は黙って、娘の手を引っ張って帰って行った。もし「お騒せして済みませんでした」と言ってくれていたら、どんなに嬉しかったろうかと思った。母の心が疲れ切っているのだろうと、大いに同情したが、悲しかった。

このようにして、Mさんとの一年間はとても疲れたが、保護者からの特別のお礼の言葉はな

かった。カウンセラーなど、専門の方をお呼びして、いっしょに努力すべきだったのか？

〈誉めても誉めても、怒る母親〉

席替えで、ある元気いっぱいの男の子が、私の机の近くになった。彼は、よく動く子なのに、食が細く、他の子のようにモリモリ食べるほうではないので痩せていた。二年上の兄は、肥満児と言えるくらいの体格なので不思議だった。

ある日の給食の時間に、話しかけた。

「お兄さんは肉づきが良いのに、あなたが細いのは不思議ね。好き嫌いがあるのかな？　何でもしっかり食べないと、栄養失調になったりするので、気をつけましょうね」

それから一か月ほど後に、個別懇談会があった。一人ひとりの保護者と、成績や行動などについて、学校での様子を話したり、家庭での様子を聞いたりする。

「うちの子、どうですか？」が、母のたいていの第一声。

「普通のお子さんです」

「えーっ？『普通』ですかあ」と、がっかり。

「近頃、『普通でない子』が多いんですよ」

「じゃあ、普通の子は、いい子なんですか？」

私の意図に反して、「普通の子」と言われるのを母は嫌う。○○が素晴しいと言って欲しいのだ。

懇談会の最後に給食の時に「何でも食べようね」と話し合った男の子の母が入って来た。

私と対面してすぐ、怖い顔をして、

「うちの子に『栄養失調や』と言うたそうやね」

と言うので、

「そうではないんです。好き嫌いをすると栄養失調になりますよと言ったんです」

と、慌てて言ったのだが、「そうだったんですか」とは言ってくれない。話題変更。

「お子さんは、宿題を、いつもしっかりしています。感心しています」と言えば、

「先生に怒られるからや。嫌々なんや」

「授業中、腕をぴんと伸ばして上げます」

「そんなせな（そうしないと）先生に言われるからや」

「左利きなのに、毛筆習字の時には、右手で筆を持って、上手に書きますよ」

「無理やりに、直されて、嫌々右にしてるんですよ。先生が怖いんですわ」

「でも、休み時間には『先生、遊ぼ』と言ってくっついて来ますよ」

「それが、あの子の処世術や。気ぃつこうとるんや。そのストレスがたまって、家に帰ったら、言うこと聞かんと好き勝手して、困っとるんですわ」

この母は、誉めても誉めても怒るので、ついに誉めるネタが切れてしまった。

そこで、声の調子を切り換えて、しっかりと言った。

「お子さんと共に学習する日数が、少しになってきました。これからも、お子さんをしっかり

と見させていただきます」

この言葉に、母はかすかに微笑んで、

「そなん、したってな（そのように、してやってな）」

そう言い残して、あいさつもしないで帰って行った。

この母との対話の様子を、校長に話すと、

「それでええ。保護者に勝ったらいかん。打ちのめしてしまうと、あとが大変」

と言われた。

理不尽な言葉で責められ、担任に敬語も使わず、「さようなら」とも言わずに帰って行く保護者の後ろ姿が目の奥に焼き付いて、私の精神状態は最悪だった。

翌日、胃が痛み始め、病院に行った。いつもお優しい女性の主治医は、

「今度は、何があったの？」と聞いてくださった。

その翌日、胃カメラ検査で「胃潰瘍《いかいよう》」と診断された。

私は、在職中、何回も胃潰瘍になった。

胃潰瘍にならないようにと、ズバズバと言いたい放題、「正義感」の名のもとに発言してしまうと、最悪の場合、職を捨てなければならなくなる。

〈双生児は本当によく似ている〉

長い教師生活で、双生児の片方の子を三回受け持った。いずれも一卵性で、そっくりであっ

た。理屈では分かっていても、不思議な気持ちだった。

　双生児は、一年生の時は同じクラスに、その後は、別のクラスになるのが慣例のようである。二人の男の子はそっくりで、髪形・靴・服まで同じで、何日経っても区別がつかなかった。

「せめて、髪形だけでも別にしてください」と母親に頼んだが、

「そんなに似てますか？　私から見ると、全く違いますけど」と言われてしまった。

　ある日、彼が友だちに、言わない方が良いことを言ったことがあった。私は、教室のすぐ近くの手洗い場で並んで手を洗いながら、何故悪いか、相手の子はどんなに辛いか、これからは決してしてはならないとか、いろいろと話をした。彼は、合い間、合い間に、しっかりとうなずいてくれた。

　すっかり話して、終わった時に、彼は、

「あのう、ぼく、隣のクラスの方ですけど……」

と言った。私はびっくりして、

「えっ、これは失礼。それ、話が始まった時に言ってほしかったなあ。もう一回、本人に言ってもいいけど、あなたから言っておいてね。それにしても、何故言わなかったの？　不思議だなあ」

　と問うと、彼は、

「先生の話は『なるほど』と思ったので、うなずいていました」と言った。

　あの二人の少年は、今はもう、二人のおじさんになっているはずだ。今でも、あんなにそっ

くりだろうか。

一回だけ「三つ子の長男」という子を受け持った。三卵性の三つ子で、男二、女一であったが、ほとんど似ていなかった。長男は静かでおっとりで長身、次男は活動的で小柄、髪の色も上は黒で下は茶色っぽかった。

母親の話では、子育ては大変だったけど、「オッパイは天井までとぶほど、たくさん出た」とのことであった。

「三つ子が限度です。四つ子だったら、育てられなかったと思います」

と、母親は言った。


中学年の担任になることは多かった。話題は、どんどん出てくる。たくさん、割愛しなければならなかった。

中学年は、心身共に、一番成長する時だと言われている。特に三年生は、「のびっ子」とか「芽ばえっ子」とも言われる。精神面も大きく育つ時だと聞いたことがある。

高学年（五年生・六年生）

高学年は、授業数が多いし、指導内容も難しくなって大変である。けれども、語彙《ごい》が豊富になってくるので、自然に話しても通じる。時事問題でも話すことができるようになる。

楽しいけれども、教師を見る目が厳しくなってくる。身体が大きくなり、一六〇㎝もある私でも、私より背の高い子が五人もいた時もある。そんな大男が良くないことをした時は、私は「命がけ」で、子どもの前に立った。

また中には、入学するのが大変、ついて行くのが困難で有名な私立中学校を目ざしている子がいる。そういう子は、教師よりも知能指数が高く、頭の回転が抜群に速い。教師よりも賢い。だからと言って、たかが十一歳や十二歳の子に負けるわけにはいかない。

では、どうするか。それは、知識の量で勝つのである。つまり、前頭葉で勝つのだ。

塾でも教えてくれないような知識を詰め込み、「伝家の宝刀」として、ここぞという時に抜いて見せる。これは効く。「先生は、やっぱり偉い」と思わせる奥の手だ。

だから、日頃からアンテナを張りめぐらせて、できるだけ「宝刀」を貯えておかなければならない。賢い子は、一度信じて尊敬したら、ずっと続く。反対に「大したことないな」と感じたら、決して尊敬しない。

この点でも、担任はいつも真剣勝負をしなければならないのだ。

〈「家庭科」が新しく加わる〉

中学年まではなかったが、五年生から「家庭科」が加わる。

子どもたちは、料理の時は生き生きとした表情で登校して来る。

しかし教師の方は、前日は心配で眠れないほどだ。何しろ、火と刃物とを同時に使うのだから、大変だ。

いつの日からか、「子どもに刃物を持たせない」という運動が起きて、ナイフで鉛筆を削ることをしなくなった。

それで、庖丁でジャガイモの皮を剝《む》いたり切ったりするなんて、子どもたちにとっては大仕事になってくる。

「ちょっと切るくらいなら、少し血が出るくらいで済みますが、一センチくらいでも、切り落としたりしたら、生えてきたりしませんから大変です。人類は皆そうです。切ったりすると生えてくる——再生と言いますが——生き物はいますけれどね」

ここまでくると、賢い子たちが、

「知っています。トカゲのシッポは、切っても、また生えてきます」

と、得意になって言う。そこで私は、

「でも、シッポから、トカゲの頭は出ません」

と言ってしまう。すると彼らは、

「当たり前です。シッポから頭が生えてくる生き物なんか、いません」と、得意顔。

「そうよね。タコも、足が一本切れても、また足が出るそうですね。足からタコが出て来るんだったら、八本の足を全部切ったら、たちまち、八匹のタコになるからね」

皆、その光景を想像して、大爆笑。賢い子たちは、「そんな馬鹿な」と言って、冷笑。

話題は、料理とは関係のない方に進んできたが、「ここで言わなきゃ、いつ言うか」と意地になって、わざと横道に逸れた。

「タコの足からタコは生えませんけどね。世界には珍しい生き物がいます。シッポの方から頭が出て、二つに切ると二匹になる虫がいるのです。知らないでしょう」

幸いにして誰も知らなかった。そこで私は、

「プラナリアという虫です。二つに切ると、二匹になります。頭の上からグサッと切ると頭が二つになります。三つに縦に切っても三匹になります。でも、小さく小さく、ミンチみたいになるほど切ったら死んでしまいます。百に切ったら百匹になったりしないのです」

ここまで来ると、全員が平等に聴衆になってきた。私は得意になって、

「この摩訶不思議な虫と同じようにして増えるのが、今からお料理で使うジャガイモです。ジャガイモにはえくぼのような所があるでしょう。ここから芽が出るので、ここを一つ付けて切ると、切った数だけ芽が出て、ジャガイモの一本になります。種まきはしません」

「当たり前や。ジャガイモに種子はないわ」

と言う子が何人かいたので、

「ジャガイモにも花が咲くし、実ができます。実はミニ・トマトより小さく、毒があるそうです。その実の中に、ゴマ粒ほどの種子ができます。品種改良をする時には、この種子が必要です」

賢い子たちは、私の話がやや難しくなると、目を輝かせてきた。彼らの脳の程度に合ってき

たのだ。「彼らも知らなかったのだな」と思って愉快になった。

「このプラナリアのことは『ジャガイモの花と実』という本に載っています。読んでみてください」

と、しめくくった。

実習の直前に、黒板に「手を切らないで。皆さんは、トカゲでもプラナリアでもないのですから」と書いた。その後、皮剥きの実演をして見せた。子どもたちは、真剣に庖丁を持って悪戦苦闘した。でも、厚く皮を剝いたので、「実」と「皮」とが同量に見えた。

〈外国人になるには〉

朝の会では、日番の司会で「今日のめあて」を決めてから、「何か、ニュースはありませんか」になる。会の進め方を、自分の工夫で改革しようとしない。現代っ子は、意外に保守的である。

ある日、ニュースの発表の時、

「昨日、公園で二人の外人に会いました。ぼくが『ハロー』と言ったら、外人が日本語で『こんにちは』と言ったのでびっくりしました」

と、発表したが子がいた。それで、私は、

「さっき『外人』と言ったのですが、近頃は、『外国人』と言う方が良いそうです。『外人』とは『よそ者』という意味もありますしね。ところで、私たちが外国人になるには、どうしたら良いでしょうか？」

そう問うと、

「髪の毛を金髪に染める」

「英語をベラベラ、しゃべる」

「外国の人と結婚する」

と、いろいろな考えが出たところで、私は、

「自分が外国に行ったら良いのです。例えばアメリカに行ったら、アメリカ人は本国人で外国人じゃあありません。日本人が外国人になるのです」

そう説明した。ところが「何やー」とすぐ納得した子もいたが、「何のことやら分からん」と言う子も多かった。


これで、ソ連旅行のことを思い出した。当時のソ連は、外貨不足なのか「外貨専用ショップ」というのがあった。「カシタン」とか言ったように思う。「白樺」という意味とか。

「一円玉でも五円玉でも使えます」と聞いて、私たちは大喜びした。けれども、年配の女性は
「私、円しか持ってないの。ドルにまだ換えてないのよ」と嘆く。

それで添乗員さんが、「ここは円が使えます。外貨ショップですから」と言った。すると、彼女は「外貨と言ったらドルでしょ。円は外貨じゃないでしょ」と言って納得しない。添乗員さんは再び説明したが駄目で、彼は諦めて行ってしまった。

日本人は「ドルは外貨で円は違う。金髪の人は外国人で、黒髪の私は違う」と思いがちだと思った。子どもも、外国に行くと、自分は外国人なんだということが分からないようだった。

〈「これが教師の免許状だ」〉

授業が始まっているのに、後ろの方の席で小さな声で話している。邪魔になったので、

「免許状を持った者が話している時に、無免許の者が話すのは、無礼である」

と、私は厳しく言った。すると男の子が、

「えっ、先生の免許状なんか、あるん？」

と驚いたような声を出した。私は威張ってこう言った。

「当たり前でしょ。免許がなければ皆さんの前には立てません。これをもらうまでに、十六年、学校に行きました。自動車の運転免許証とはわけが違うし、大きさも違います」

すると、座席のあちこちから、

「それ、どんなん？　見たいわ」の声が起きた。

「分かりました。明日の朝、見せてあげます」と、私は確約した。

帰宅後、すぐ免許状を鞄に入れた。約束したのだから、「ごめん、忘れてしまった」では済まないからである。

翌日、朝の会の前に、私は皆の前に立ち、水戸黄門のお供の人が印籠を仰々しく皆の前に出して「恐れ入ったか」と言うのを真似て、皆の前に出て、

「これが、教師の免許状である。恐れ入ったか」と重々しい調子で言った。

子どもたちは、ぞろぞろと、前に、にじり寄ってきた。しみじみ見てから、

「隣のクラスの先生も、持っとんかなあ」と言う子がいるので、私は、

「当たり前です。どの先生でも持っています。だから、お母さんやお姉さんとは違うんです」

堂々と胸を張ってそう言った。

数日後、道で保護者に出会った時、

「先生は、教師の免許状を子どもたちに見せられたそうですね。うちの娘は『先生の生年月日が分かったわ。歳が分かった』と、大喜びしています」と言われた。

子どもたちの前で、免許状を広げて見せたのは初めてで、それ以降は一度もない。

「あの頃は若くて、張り切っていたなあ」

と、懐かしく思う。


〈「お酒に酔うとは――」に驚く〉


高学年になると、校外学習での行き先が遠くなってくる。五年生は、バスを連ねて高速道路を早朝から走って、奈良に行く。毛筆習字の時に使う墨を作る工場に行った。私も初めて見るので、興味深かった。

今は墨液（墨汁）を用いているが、昔は硯《すずり》を用いて、墨をすっていた。この間に心が落ち着くので、無駄な時間ではないと言われていたが、今は、時間がもったいないとか言われ始めて、墨液を用いるようになった。それで、墨を見たことのない子が多くなった。

帰りのバスの旅も長いので、

「車酔いをしないと、自信のある人は、おやつの残りを食べてもよろしいです」

ということになった。育ち盛りの子どもたちは大喜びで、食べ尽くしていった。

バスガイドさんは説明することがないので、マイクを回してくれた。

「歌ってもいいし、自由にお話ししても良いですよ。どうぞ」

そう言ってくれたので、いつもおとなしい女の子も陽気に話し始めた。

「あの子、あんなに、はしゃぐ子だったんだ」

と、子どもの別の面も見えて、私はじっと聞いていた。

学校に到着したのは、日が暮れた後。迎えに来てくれた保護者の顔が、はっきり見えないほどである。予定がだいぶ狂って遅れて帰って来たのだ。

「待っていた保護者の気持ちを考えて、挨拶するように」と校長は言われた。

二日後、奈良旅行の作文を書く時間をとった。作品を集めると、私はすぐ読み始めた。

【お酒に酔うというのは、こんなに愉快で楽しくなるのだということを、初めて知りました――】

そんな書き出しにびっくりして、彼女を呼んだ。続きを読めばすぐ分かるのに、あわてて、

「あなた、お酒を、どこで飲んだのですか?」

と問うてみた。彼女は微笑んでいる。

「遠足に持って行ったウイスキー・ボンボンを、残り全部食べたら、気持ち良くなってきました」

帰りのバスの中で、奇妙なほどにハイテンションになっていた女の子だと気が付いた。

ウイスキー・ボンボンは、噛むとチューッと濃いウイスキーが出てくる。薄めていない原液である。いくつも食べると、お酒に弱い人は成人でも酔ってしまうことがある。

子どもの場合、一過性の意識障害や急性アルコール中毒になることがあると聞いて、

「これからは、おやつにウイスキー・ボンボンは持って来ないようにと言いませんか」

と、他の先生方に提案した。

〈「いじめは許しません」〉

秋の日の真っ青な空の下で、二時限目の体育の授業を終えて教室に入った。

すると、スカートを手にして、女の子が一人泣いている。

「どうしたの。どこか痛いの？」

「ううん、私のスカートが、ズタズタに切られてる。どうしよう……」

彼女の抱いているスカートを見ると、裁《た》ち鋏《ばさみ》のような大きな鋏で、幾筋も切れ目が入れられて、ひらひらしている。

「ひどい――許せません。悲しいね。思い切り泣いてもいいのよ」

泣いている少女の慰めになるとも思えなかったが、そんなことを言いながら、私はどういうことをすればいいのだろうと考えていた。

三時限始めのチャイムが鳴ってしまった。

私は、皆の前に立った。

「先ほど、大変悲しく恥ずかしい出来事が見つかりました。体育の時間に、皆が教室を出た後で、一人の女子のスカートを鋏で切った人がいます。乙女が、こんなになったスカートをはいて帰宅しなければなりません。

こんな『いやがらせ』、『いじめ』は、決して許しません。こんな酷いことをする人を生んだ、このクラスを許しません。

今日は、こんなみじめなクラスにこれからの授業をすることはできません。

黒板に指示を書きますから、今日の残りの三つの授業はすべて『自習』です。

私は、自分の机で仕事をします」

私は涙をうるませながら、「三時限のストライキ」を宣言した。

皆はびっくり仰天したが、事の次第を納得して、黙って自習をした。まるで通夜の席のようであった。こんな卑怯な行為について、教師は心の底から怒るべきだと思った。

この「ストライキ」については、曲がった内容で伝わると困ると思って、校長に事のあらましを報告した。「いじめ」については、初期の段階で対処すべきだと、校長も思ってくださったのだろう。「そうか」とだけ言われた。

翌日、少し早めに教室に行くと、うなだれた姿の二人の女の子がやって来た。

「スカートを切ったのは、私たちです。すみませんでした」

「もう、絶対にしませんから、授業してください」

二人の言葉のあと、何故そんなことをしたのかを問うてみた。

被害に遭った子が、「これ、お母さんが縫ってくれたんよ」と、自分のスカートを自慢した。二人は一度も母親に縫ってもらった物など身に着けたことがない。それで、妬《ねた》ましくなっていたずらをしたのだと言った。

私は聞いてうなずいた後、

「でも、今回のようなことは、絶対にしてはいけません。自分の値打ちが下がります」

私の言葉に、二人は神妙にうなずいた。

この後、被害に遭った子に、

「あなたのカッコイイ、スカート、お母さんが縫ってくださったの。そのことを、嬉しそうに二人に言ったそうね。二人の家では、お母さんが忙しくて縫えないんだって。それであなたのことを、とてもうらやましかったんだって。だからと言ってスカートを切ったりしたらいけないね。いろいろな家庭があるので、これからは、気をつけてね」

と諭し、いやがらせがそれ以上エスカレートして酷いことにならずに済んだ。

それにしても、どうして「いじめ」が起こるのだろう。小さな火のうちに消せば、子どもの心を傷つけないで済むのに、と思った。

子どもの世界にも、大人の世界にも、いじめがある。「一億総いじわる心」になっているのかと、心配になってきた。

〈感情・感覚は、教育できない〉

校外学習で野道を歩いていて、名も知らぬ植物がきれいな小さな花を咲かせているのを発見すると、私は思わず、

「きれいな、かわいい花ね。見てごらん」

と言う。すると、何人かは「ホント。かわいい」と同調してくれる。私は嬉しくなって、

「時々『名もない花』と言う人がいるけれど、『名もない花』なんかはないのよ。ちゃんと名前がついています。あまり知られていないだけよ」などと言っていると、数人は、

「しょうもない。あんな花のどこがきれいなんだろう」と冷めたことを言う。

「きれいでしょう。ようく見てごらん」

「そうかなあ」

算数なら「この問題の答えは5です。それ以外は間違いです。分かりましたか」と、決めつけて言うことができる。

しかし、雑草の花がきれいかどうかになると、「きれいだと思うべきです」などとは言えない。美しい物を見ても「別に」とか「そうかなあ」などと言って感動しない子に、感動するようにと教育することはできない。

花のことならさほど重大ではないが、友だちのことになると、重大である。

「友だちに対して、そんなことを言ったらいけません」

「何で？　デブに『デブ』言うたら、何で、悪いん？　本当のこと言うたら、あかんの？」

「言われた友だちが、嫌な気持ちになるようなことは、言うべきではありません」

「へえっ。何であかんのか、分からんわあ」

こういう場合、「言われた友だちは嫌だろうと思いなさい」と言っても、その子は思わないのだから、困ってしまう。

そこで「温かい嘘と冷たい真実」の話をした。

「あと三日くらいしか生きられない患者に医師は、『あなたは、三日後には死ぬでしょう』などと真実は言わないでしょう。『気持ちをしっかり持ってください。医師として最善を尽くしますから』と励ますでしょう。真実を言うことがいつも正しいとは限りません」

と、私は一生懸命に話した。けれども、全員が理解したかどうかは疑問であった。

「いじめ」は、相手の心情を理解できない、理解しようとしないことから起こると思う。

感情や感覚の問題は、学校では教えるのが困難である。

学齢になる前に、家庭で育てて欲しいと切に願っている。


〈朝の会で「百人一首」の学習〉


朝の会を有効に使いたいと考えた。今日のめあてを決め、今日のニュースの発表だけでは物足りない。その上、雨の日のめあては、「教室で静かに過ごす」と、マンネリ化している。

私は、解説付きの「百人一首」の本を買って来た。

日番が一首「それらしく」少し節を付けて読み、意味を工夫して皆に説明する。男女のデリケートな心理や「恋愛」の淡く甘い心の動きなどは、十一歳や十二歳の少年少女には理解し難いようで四苦八苦しているのが、とてもかわいかった。

説明が終わると、日番は次の日番に本を渡す。渡された子は、「フウーッ」と息を吐いて、決意を表した。

読み上げるのが難しく、少し照れる子や、勉強せずに皆の前に立ち、しどろもどろの気の毒な子もいた。「こんなん、やめてー」と言う子もいたけれど無視して続けた。

「中学校で、とても役に立ちました」

と言ってくれる子もいて、意志を通して良かったと思った。

現在、小学校中学年から、俳句・短歌・古典が、教科書に載っているが、以前は全くなかったので「百人一首」は、苦労だったのだろう。

〈漢字は面白い〉

たいていの子どもは、漢字の書き取りテストが嫌いである。高学年になると画数の多い漢字が増えてくるので、煩《わずら》わしくなる。そこで「アルファベットの文字は二十四なのに、漢字は千以上も、六年生までに習う。何でこうなるの?」と、ぼやく子がいたので、

「第一の原因は、日本列島が中国に近いことです。もしも、アメリカに近かったら、英語をいっぱいしゃべり、アルファベットだけで済んだでしょうにね」

そう言うと、そうだそうだとうなずく子がいる。

「でもね。皆さん、漢字は面白いですよ。例えばね。『笑』と『泣』を書いて、漢字を全く知らない外国人に見せて、『どちらが笑うという字でしょう?』と問うと、全員『笑』を選びます。じっと見つめていると、笑っているように見えてきます。アルファベットの『A』は、いくら見つめても何も見えてきませんよね」と言ってから、

『馬』は、いかにも馬です。『魚』は、いかにも魚でしょう。『鳥』も、いかにも鳥です。四つの点は、馬は脚だし、魚は尾びれだし、鳥は羽根です。馬は、タテガミまで見えてきます。そう思って見ると漢字は面白いでしょう」

ほとんどの子は、「そうかなあ?」という顔になる。私は、ついでに言おうと思ってしまう。

たいていの子は知らないことを言う。

「漢字の偏は、たいていは意味を表していますね。ゴンベンなら言葉に関係するとかね。ところで虹は虫の仲間でもないのに何故ムシヘンなのでしょう」

「知ってる人?」

幸い、誰も知らない。そこで、私は得意になって語る。

「昔、中国では、ヘビは虫だと思われていました。『ナガムシ』と呼んだそうです。それでヘビは蛇と書きます。虫偏ですね。その蛇が年寄りになると大蛇になりました。大蛇は、人々から恐れられ尊いと思われていました。大蛇は天に昇って、人々の前に美しい姿を見せました。それでニジは虹と書くようになりました。つくりの『工』は、天と地をつなぐ物という意味があります」

しっかり調べているので、自信まんまんで語ると、子どもたちは「へえっ」などと言って感心してくれた。

「ところで、よく考えたら分かるけれど、画数の多い漢字があります。『轟』はトドロキ、『鱻ぶ』はナラブ、『龘しい』はサワガシイと読むそうです」

子どもたちは、面白そうに聞いてくれた。

ついでにと思って、私は調子に乗る。

「森と林は、どう違いますか。木が一本多いのが森ですか」

ここで、ＮＨＫテレビの番組で得た知識。

「森は、自然にこんもりと木が繁った所で神秘的なので神様を祭ったりします。林は、人が植えた物で整然と並んでいます。自然に、そんなにきちんとどうしてなったか知らないけれど並んでいるのが自然林です」

このように、漢字でも面白く話すと、子どもは漢字に興味を持つようになってくる。

けれども、現在は教えねばならないことが多いので、こんな話はしていられない。

〈書き取りテストが満点でも〉

ほとんどの書き取りテストで満点の男子を、「よほど熱心に勉強してるんですね」と誉めた。

すると彼は、平然と言う。

「ぼくは全然、勉強していません。じっと見つめるだけで覚えます」

周りから「ええなあ」「うらやましい」の声が起こる。

しかし、そうやって覚えるので、筆順は、「どうして、そこから書くのか？」とあきれるくらい奇妙である。その上、書いて覚えるのではないので下手な字である。

「一度、筆順のテストをしようか？」と言うと、彼はその理由を察して、「やめて」と言う。

「毛筆で書くと、筆順が違うとすぐバレるのよ。墨の重なりが違うからです」と言うと、彼は大困りの表情。

「右と左の筆順は違います。何故でしょう？」

彼は黙る。そこで私は胸を張って言う。

「くずして書く、行書や草書では、筆順を変えないと、区別がつかなくなるからです」

彼が感心してくれたので、私はもう一発。

「森という字は、木を三つ書くのですか？」

彼は「当然です」という顔つき。

「木が三つではありません。木の下に、林という字があって森になります。三つの木のうち、下の木は、ハヤシですから、ハヤシの漢字は木が二つではありません。木偏に木です。ですから、同じように木を三つ書いてはいけません。簡単な字でもなめてはいけませんよ」

筆順と言えば、「上」という字は、教師になった頃は「ヨコ・タテ・ヨコ」だったのに、いつの間にか「タテ・ヨコ・ヨコ」になった。

私は、「上」という字を板書する時には、いつも緊張する。筆順が変わった理由は分からない。

筆順ではないが、形が変わったのは、「てん」という字。昔は第二画の方が長い「天」だったのに今は反対の「天」になってしまった。これも、理由は不明。多分、「天」と書くと「夫」と間違いやすいからだろう。

送りがなは、ある程度は法則があるが、それから外れるのもあり、習う方は大変だが、教える方も大変である。

〈注射嫌いの優秀児〉

他の子どもたちと、ちょっと違う男の子がいた。他の子がアイドルたちに憧れているというのに、アインシュタインに憧れ、写真を勉強部屋に掲げていると言う。「相対性理論」がどうのこうのと言ってくる。その頃はまだ珍しかったＤＮＡについて、保健の教諭に話しかけているようだった。

また、背が低く「短足」などと言われているのに、小さい時から水泳教室に通い、平泳ぎが得意で、校外での水泳大会で良い成績をおさめていた。彼は潜水艦みたいに見事に泳いだ。友だちが、

「平泳ぎは、脚の長さは関係ないんだなあ」と、しきりに感心していた。

小学生としては、「傑物《けつぶつ》」だった。

そんな彼だが、一つだけ苦手なことがあった。以前は学校で行われていたインフルエンザの予防注射を極端に怖がった。医師の前でギャーギャーと暴れて危険なので、男性教師が二人が

かりでしっかりと押さえていた。あの天才的な子が、ほんの数秒のことで、大騒ぎするのがおかしくて、私は同情せずに笑っていた。

私は、作文指導に力を入れていた。彼は、内容の充実したよい作文をしっかりと書いた。六年生になった。続けて担任になった。魅力的な子だったので、私は大変嬉しかった。

ところが「六年生になって」という作文の中に、「六年生は、別の先生になって欲しかったのに、また小崎先生で残念だった」と書いてあったので、私はびっくりして、がっかりした。

それで、彼を呼んで言った。

「私は、あなたはとても魅力的な子だと思いますので、また受け持ちになって大変嬉しいです。でもあなたは、私のクラスになりたくなかったと知って、残念で悲しいです。その理由を是非とも聞かせてほしい。直せることだったら、直すから」

すると、彼は、ポロポロと涙を流し始めた。

「ぼくは、五年生の時、先生の言われることは、いちいち、もっともなことだと思って従ってきました。先生が大好きです。

でも、六年生で別の先生になって、その先生が嫌いでも、言われることに従うことができるか、試してみようと思いました。だから、また小崎先生になったので、残念だと思ったのです」

と言って、また涙を流した。

「優秀な子は、考えることが違うなあ」と思いながら、

「そうなの。安心しました。最後の学年です。びしびし指導するから、ついて来てね」

と言って、彼の手を私の手で包み込んだ。

彼は、優秀な成績で小学校を卒業した。

それから、歳月は流れた。突然、彼からの電話。すっかり大人の声になっていた。

「先生。大学の医学部に合格しました。文章で答える問題がありました。小学校での作文が役に立って良かったです。ありがとうございました」

私は「これが教師冥利だ」と思った。

それから、また歳月が流れた。彼からの電話。明るい声だった。

「先生。ぼく、内科医になりました」

私はすぐ、インフルエンザの予防注射の時の彼の姿を思い出して笑いが込み上げてきた。

「まあ、それは、それは。おめでとう。あなたが、注射する身になったの？　不思議です」

「ぼくも、不思議です。小学生の時は、お恥ずかしい」

「あの頃は、かわいかったね。そのかわいい坊やが、医師になるとはね。感無量です。優しい、立派な医師になってね」

彼とは、何年も年賀状のやり取りをしたが、「引っ越しします」の連絡の後、音信が途絶えている。一度、診察してほしかったのに。


〈スライドを、たびたび見せた〉

大学時代に、生涯の旅行の計画を立てた。

若い時代は、ヨーロッパ・アフリカなど、遠い海外。ベテラン教師になったら、近い海外、例えば東南アジア。中年では、日本国内。高齢になったら、近い温泉地。

ボーナスは、ほとんど旅行に使った。

若い時代は、大きくて重い一眼レフのカメラと、望遠・広角の交換レンズも持って行き、撮りまくった。ふと「こういう場面を子どもたちにも見せたいな」と思った。

そして、外国の小石や砂を拾って、子どもたちのお土産にしようと思った。旅の仲間が「小石をたくさん拾って、どうするの？」と不思議がるので、こんな会話をした。

「マリー・アントワネットが踏んだ小石かもよ、と言って渡します」

「子どもさんは、多いんですか？」

「四十名近くです」

「あらっ、あなたは小学校の先生ですか」

「そうです。バレてしまいましたね」

「ここまで来ても、受け持ちの子のことを思うんですか」

「大方、病気ですね。ハ、ハ、ハ」

帰国して、撮った写真をスライド用に変えてもらい、空いている時に、理科室に子どもたちを連れて行き、暗幕を引いて、解説しながら見せた。

教室に戻ってから、ついでに地図を指し示しながら日付変更線の話をした。

「この線を越えると、日付が前日に戻ります。今日作ったスープを昨日飲んだりできます。この線の直前で発砲したピストルの弾が、この線を越えて誰かに当たったら、今日発砲した弾が昨日当たったことになるのです」

などと話すと、全く理解できない子もいた。

スライドを見せた後、拾ってきた小石を、勿体振って一人ひとりに渡して回った。

「ありがとう」と言ってにっこりする子、「はあ」と言うだけの子……。「せっかく拾って来た石なのに……」と、がっかりしていると、母親に会った時に、

「先日、外国の小石をいただいたそうで、大喜びで話してくれました。勉強部屋に大切に飾っています」

と言ってもらって、

「それなら、そういう顔をすれば良かったのに」

と思った。日本人は、表情で表すことが苦手なのだとよく分かった。

〈運命の決断〉

三月になると、来年度の希望を提出する。異動希望の有無、担任の希望などである。

ある年、その時の受け持ちの五年生は、それまでの五年生よりも素晴らしく、大好きであった。それなら、学級解体のない六年生を惑うことなく希望すれば良い。でも、大問題があった。今なら（この年齢なら）全く問題にしないのだが、その時の私は若くて、自分で言うのも変だが「純情可憐」であった。

三年、四年と持ち上がった後の五年生だったのだ。三年連続で持つ子が八名いた。このまま六年生を持つと、四年連続の子が八名いることになる。小学校は六年間あるが、そのうち四年間も同じ先生というのはどうだろう。合わない子がいると、気の毒だとしか言いようがない。六年生で学級解体をしてもらえれば、「四年目」の子は避けられる。しかし、これは慣例上、駄目だと言われた。

そこで、「六年担任は、やめようと思います」と校長に直接話した。涙ながらに。

新しい学年度になった。私の担任は四年生だった。自分が望んだのに悲しかった。

六年生は、何かにつけて目立つ学年である。「本来なら、私が引率するところだったのに」と思ってしまう。そのうち、

「こんなに六年生を恋い慕うようじゃあ、今の担任の四年生に申し訳ない。四年を一途に愛するためには、どうすれば良いのか？」

と、考え続けた結果、前年度の五年生の思い出を文章に表して、本にしようと決意した。

こうして、昼間は四年生の担任、夜は五年生の元担任になることにした。

毎晩、毎夜書き続け、やっと書き終わったので、原稿用紙の束を校長に差し出して、値打ちがあれば本にしたいと言った。

数日後、校長室に呼び出され、

「是非とも出版しよう。良い本になると思う」と言ってもらえた。

すぐ出版社の人を呼んでくださって、

「若い先生なので、安くしてやってほしい。良い本にしてあげてください」と言っていただいた。

そして、身に余る序文をくださった。

装幀は、図工の専科の先生が担当してくださることになった。国語世話係（主任）の先輩が「あとがき」を添えてくださった。

書名は『こどもと歩く』と決定した。

いろいろな工程を経て、私の本が出来上がった。きれいな本だ。その夜、私は本を抱いて寝た。

翌朝、職朝（職員朝集）の前に、全員に本を配り挨拶した。校長は心を込めて、「若い先生が、月給半年分を投じて作り上げた本です。是非とも読んでやってください」と、言葉を添えてくださった。

保護者あてのプリントを作ってくださったので、本が売れて、出したお金は全部戻ってきた。今までに十冊以上出版したが、お金が戻って来たのはこの一冊だけである。

当時、本を出版する人は珍しかったので、校長は、何度か皆の前で「良い本だ」と誉めてくださった。その結果、他の職員の妬みを買って、「あなたは校長のお気に入り」と言われた。酷いのは「校長のスパイ」と言う人もいた。私は、「人の前で誉めないでください」とたのみに行ったりした。

ある朝、朝集で教頭が、

「小﨑先生の本の出版を祝って、お祝の会を開いたらどうでしょうか？」

と言ってくれた。ところが、主に女性の先生から、憎々しげな声が乱れ飛んだ。

「反対です」

「何故、個人的なことを祝わないといけないのですか？」

教頭の言葉は、それっきり途絶えてしまった。

私は憎しみの嵐の中で、涙があふれ出て、止まらなくなった。そのうちに、一時限の授業始まりのチャイムが鳴ったが座り込んでいた。

「先生方、教室に行ってください」

と言われて、私は涙をふきながら立ち上がって歩き始めたが、教室の前まで来ても、涙は止まらなかった。

子どもたちには何の関係もない涙なので、涙顔で前に立つことができなかった。それで、保健室まで行って泣いた。保健の先生は、

「一時間、ここにいなさいね。自習態勢をしいてきてあげるから」と言ってくださった。

その日の夕方、装幀をしてくださった先生が、「寿司、食べに行こう」と誘ってくださった。

席に落ちつくと、私の本を立てて、

「出版おめでとう。乾杯！」と言って、心から祝ってくださった。

「出る杭は打たれると言うけれど、『出過ぎた杭は打たれない』と言われるよ。打つのが嫌になるほど出たら良い。これから何回も出版したら、妬むのに飽きてくるよ」

と慰め、力づけてくださった。

ありがたさに、また涙がこぼれた。

校内は駄目だったが、全市の国語部会主催で、広い会場で「祝賀会」をしていただいた。この年に出版した三人が、正面に主賓として座した。他の二人は、教頭・校長にもうすぐなられるベテラン先生で、私一人、「ワカゾウ」だった。ベテランの二人も「学校では、小さくなっている」と言われた。

私は校内では辛い立場であったが、校外では一目置かれるようになった。重要な仕事をさせてもらえることが多くなった。

妬みを受け、いやらしい「イジメ」も受けたが、それに打ち勝ち、乗り越えていける強い精神力を持って生まれたことに感謝している。気持ちの弱い方々に、慎しんで捧げる。


「出すぎた杭は、打たれない」

〈心に残る個別懇談会の母〉

作文やノートには、乱雑な字を書くのに、毛筆では見事な字を書く子がいた。それもそのはず、師範代とかの免状を持ち「習字塾」を開くことができると聞いた。

その男子の母と、初めての懇談の時に、

「あの子は、一年から五年まで、女の先生だったんです。六年生だけは男の先生だといいなと思ったんですけどね」

と言うのを聞いて、ムカッとした。

「他のことのご要望でしたら、精一杯努力をします。けれども私は、男になることはできません。今まで、ただの一回も、男になったことがありません。

努力すれば、何とかなるご要望はありませんか？」

と、怒りを押し殺して言うと、彼女は黙ってしまった。その後は、そういうようなことは、一切言わなかった。


ある男の子は、家庭科が好きで、縫うのはクラス一番。縫い目がきれいに揃っている。刺繍も「どれだけのキャリアがあるのか？」と思うほど上手だった。ニコニコしながら、いかにも楽しそうにしている。

家庭科の成績は、抜群の【5】である。しかし、他の教科は普通で【3】が並んだ（五段階評価）。

その母が、懇談の時に困ったように言った。

「うちの子、家庭科だけが【5】ですね。主人が『お前は男だぞ。家庭科だけ【5】とは、何事や。恥ずかしくないのか』と怒るんです」

私は、一瞬、困ったが、

「家庭は、男女、同じ責任を持って作り上げるものです。だから、家庭科は、女の子の教科ではないのです」

そう説明したが、納得できない様子。

「男性の背広などの仕立てをする人は、たいてい男性です。お子さんの器用さとすばらしいセンスは、将来、きっと役立つと思いますよ」

などと一生懸命に話したけれども、彼女は、

「そうでしょうかねえ」

と、合点のいかない様子で帰って行った。

「彼は、一流の男物の仕立屋さんになっているかも知れない」と、私はふと思う。

〈一回戦は、私の勝利〉

ある年、転勤して新しい学校に赴任したとたんに、六年生の担任になった。

新年度の学年打ち合わせの時、世話係（主任）の先生から、驚くべきことを聞いた。

「この学年には暴力団のような組織があり、組長のTという子は、私のクラスにいますが、副組長や下っ端組員みたいのが、かなりいます」

この言葉に、私は反射的に尋ねた。

「私のクラスは、どうですか？」

「小崎学級は、下っ端ばかり数人います」

私は、渡された出席簿に並んだ名前を見つめながら、「どの子が、下っ端だろう？」と思った。

そして、「むしろ、組長の方が良かったかなあ」とも考えた。

始業式で担任発表があるまでは、誰がどの学年になるかは秘密事項だったけれども、式の前日、どの教室かを見ておこうと廊下を歩いていた。

すると、正面から三人の男子が近づいて来た。真ん中に背の高い子、その両側に少し背の低い子がいる。私は直感で、「あの真ん中の子が、先日聞いた組長だろう」と思った。

彼は私の正面まで来ると、見下すようにして、

「今度、新しく来た先生か？」と言った。

「そうであるが、教師に向かっては、敬語で話すようにしなさい」

と、私は両脚を開いて、重々しい声で言った。

すると、T君の横の〝おつきの者〟が、

「やーあ、教育ママみたいや」と言った。

「教師は、教育するのが仕事だ。文句あるのか？」

と、私は下品な言い方で、三人を睨みつけた。

三人はかなりビビって、組長は、

「いいえ、文句ありません」

と、弱々しい声で言った。私が威張って、

「分かればよろしい。道をあけなさい」

と命令すると、彼らはさっと廊下の両側に避《よ》けた。

私はすっかり愉快になり、自分の教室に向かった。自分ながら「凄い」と思った。

このあとT君は、私の言うことを素直に聞くようになった。

「運動場の隅にボールが一個転がっているでしょう。あのボールを体育倉庫に入れてくれない?」

などと頼むと、「ハイ」と従ってくれるようになった。初遭遇での勝利は大きい。

ある日、一人の男子が教室の戸の外に立ち、人差し指を曲げてクラスの小柄な男子を招いている。彼は、オドオドしている様子。組の上位の子に呼ばれている様子だったので私は、

「私は、このクラスの責任者です。クラスの子に何か用ですか?」と問うた。

「体育の赤白帽を借りようと思って……」

「あの帽子は、肌に直接触れますね。パンツと同じです。運動すると汗がベットリ付きます。あなたは、他人の汗が付いた帽子を被ることができますか?」

「気持ち悪いです」

「分かればよろしい。借りるのは諦めなさい」

この問答の後、彼は去って行った。

指で招かれていた子を呼んで、

「何でもハイハイと従うんじゃないのよ。嫌な時は、きっぱりと断るのよ」

と言ったけれど、「ハイ、そうします」とは言えない様子。

「私が知ったら、ちゃんとあなたを守るからね。安心してね」

そうは言ったけれど、彼は不安な表情のままであった。

〈事情聴取〉

高学年になると、音楽の授業は、専科の先生が担当する。担任は、その時間をテストの採点などに充てる。

音楽の授業が終わる頃、保健室に来てくれと言われた。「たて笛」で女の子が口を切って出血しているとのこと。「奇妙な事故だ」と思ったので、音楽の先生に事情を聞こうとしたけれど、ちょうど、控室で「たて笛」のテストをしていた最中で、様子は見ていないとのことだった。

責任は音楽の先生にあるが、担任が「知らない」では済まされない。

子どもの怪我は、自分が転んだというような場合は問題が起こらないが、別の子がからんでいる場合には大変ややこしい。

子どもの記憶は時と共に曖昧になってしまうので、早く聞かなければならない。

それで、次の時間は自習にして、事情を聴取して、しっかりと記録を採ることにした。

初めは怪我をした女子、次は関わりのある男子、その次は目撃した子どもたち。

別々に別室で聞いた。

女子が何か言ったのに怒った男子が、女子が「たて笛」をくわえて指使いの練習をしていた時に、そのたて笛を握って奪おうとした。女子が慌てて笛をつかんだので、笛の引っ張り合いになった。男子が急に手を放したので、そのはずみで、笛が口の中の歯や歯ぐきに当たり、出血したものらしかった。

別々に聞いた後、また別々に呼び、他の人が言ったことに間違いはないかと確かめた。男子と女子はお互いに謝り合い、一件落着。よかったよかった。

放課後、怪我をした女子の保護者が来た。父母は用事で来られず、祖父が代わりだった。

私は、はじめに「いつ」「どこで」「何の教科の時に」を明確に告げた後、事故の直後に、別室で別々に聞いた内容を説明し、当事者二人は謝り合ったということを話した。

祖父は、終始、真剣な表情で聞いてくれた。

私が話し終わると彼は、心から感心して、「ようできてますわ。完璧です。何の疑問もありません」と言ってから続けた。

「実は、私は元刑事でして、事情聴取はよくやりました。今日の先生のようには、できていませんでした。やあ、脱帽です」

元刑事に誉めてもらって大変嬉しかったので、この出来事は忘れられない。

〈外国人みたいな日本人の男子〉

米国で生まれ育った男の子が、私のクラスに仮に入って来た。米国のサンディエゴの現地校で学んでいるが、米国は六月に夏休みに入るので、日本の学校に一時入って学びたいという希望からだった。

彼の両親は、現地校に通うからと言って英語だけしか話せないのでは困る。日本人なのだから、正しい日本語を話せるようにさせたいと考えていた。それで、家庭内や日本人だけ居る所では、日本語で話すようにと厳しく躾けたのだそうだ。

だから彼の日本語は、外国人の話す日本語のような訛りはなかった。でもたまに、「この指、全身が痒いんだ」などと言うので、「全身でなくて、全体と言うのよ」と直すこともあった。

朝、教師が教室に入ると、日番が「起立、礼」と号令をかける。すると、皆が声を合わせて「おはようございます」と言う。これが珍しいらしく、彼は大喜びだった。

給食の時に一斉に言う、「いただきます」や「ごちそうさま」も、米国にはないと言った。

体育の時間の「前にならえ」も珍しいと喜んだ。前の子の肩のところから腕を出しては、ケラケラ笑った。

体育の時間の「跳び箱」は、「生まれて初めてだ」と言った。授業では、三段・四段・五段の三セットを用意し、自分の能力に合わせて挑む。彼は、初めてだと言うので「三段からにしなさいね」とアドバイスしたが、「五段から」と言い放った。

「怪我しないでよ」と祈りながら見つめていると、「バーン」と軽々と跳んだ。子どもたちは「オーウ」と感嘆の声を上げた。

彼は、一度も失敗しなかった。ホッとした。

後日、母親に会ったので、

「跳び箱で『三段からにしなさい』と言いましたが、『五段から』とK君が言い張るので困りました。失敗して怪我したら大変だと」と報告すると、彼女は、

「Kが言い張ったのでしょ。その結果怪我をしても、それはKの責任です」

と言ったので驚いた。米国式の考え方らしい。

アメリカでは運動会の前に、「途中で怪我をしても、全面的に家庭が責任を取ります」という文書に保護者はサインするのだそうだ。競技中に怪我をした場合は、保護者が病院に連れて行くという。日本もそうだと良いなと思う。

運動会の日、K君のお父さんに初めて会った。

途中で、どうしたはずみか、正面ではためいていた日の丸が、ちょっと下がってきた。

すると彼の父は、慌てて走って来た。

「先生、旗が半旗になりましたね。何が起こったんですか？」と悲愴な顔。

「旗棹の調子が悪いんです。ロープの金具が劣化しているんだと思います」と答えると、

「どんな理由でも、半旗はいけません。校長先生に言ってください」と真剣だ。

アメリカ人は、星条旗に忠誠を誓うというのが慣例なので、日本人の国旗に対する感情とは違うのだ。そういう感覚が彼の父親には染み付いているのだろう。

やがて、正常な位置で日の丸が旗めくようになったので、彼の父はホッとしたと思う。

ある日、いつもにこやかで穏やかなK君が、他のクラスの大柄な男子と殴り合いのけんかをした。相手のパンチがまともに彼の鼻に当たったものだから、鼻血が出て、純白のトレパンが真っ赤に染まってしまった。

「お前が先に手を出したんだぞ」

と、相手の男子は小さな声で言った。あまりに彼の鼻血が派手だったからであろう。

私は、彼を家まで送って行き、出来事のあらましを説明した。すると母は、

「学校は、甘いんじゃないですか。うちのKが先に手を出したのだから、Kに罰を与えるべきです」

と言うので、

「血だらけで、あまりにもかわいそうだったので、罰どころじゃありませんでした」

と、私は言い訳した。

日本の母は、わが子が血だらけで帰って来た時に、「我が子に罰を与えよ」と言うだろうかと思った。殴った相手をなじったり、「相手に罰を与えよ」と訴えたりするだろう。

「ところで、どうして、あなたは、相手を殴ったりしたの?」

私はあらためてK君に尋ねてみた。

「はじめは、『バカ』『アホ』と言い合いだったんだ。でもぼくは、そういう言葉は、あまり知らないんだ。ぼくが黙っていると、相手は、『ボケ、カス、ダボ、マヌケ……』と、いっぱい言ってきた。それで手が出た。『カス』なんかと言うんだね」

と、彼は悔しそうに言った。私は、

「『言葉』という暴力があるからね。あなたは、あんまり汚い言葉は覚えないでね。でも、先に手を出した方が負けだから、よく考えてね」と、彼の肩に手を置いて言った。

彼は「家庭科は面白いね」と楽しそうに、縫い物をした。米国の学校にはないと言う。

米国の学校の様子が少し分かったので、今でも彼に感謝している。

〈男の涙は血の涙だと言うけれど〉

ある朝、教室に入ったとたんに、異様な光景を目にした。最前列の男の子が机の下にもぐって泣いていたのだ。五年生の時に関わった先生が、「大したことないのに、ビービー泣く子がいる」と聞いていた子である。

「彼は、何故、泣いてるんですか？」

と私が問うと、「宿題をしていないからじゃないんですか」の声。そこで、私は彼に向かって言った。

「なあんだ、そんなこと。もしも、私が叱ったら泣いてください。叱る前に泣かれると、私の立場がありません。それにしても、宿題をしていないくらいで十歳を超えた男が泣くものではありません。『男の涙は血の涙』と言いますよ。誰が考えても当然だと思う時にだけ、絞り出すような血の涙を流しなさいね」

そう言いながら、私は高校時代の社会科の先生の言葉を思い出した。

『男の涙は血の涙です。ここぞという時に、絞り出すような涙をポロリと落としなさい。それに対して、女の涙は武器です。たまに、すうっと一筋、涙を流すと、色っぽいし、男は心を痛めます。しょっちゅう泣いていると、単なる「泣き虫」です。女は涙だけ流しなさい。鼻水もいっしょに流して、「チュン」などと言ったら色気も何もありません。

人形浄瑠璃の人形は、ただ動作だけで泣いている様子を出すので、女の色気や切なさが表現できるのです』

この先生が、何故涙の話をなさったのか、そのきっかけは忘れてしまったが、この話はしっかりと覚えている。

それでこの話をしてから、算数のテストのプリントを配った。泣いている彼の机にも置いてから、机の下をのぞき込んで、

「泣くのが終わったら、始めなさいね」

と、言った。

「泣くのはやめなさい」

とも言わないのに、彼は頃合いを見て、机の下からはい出して、テストの問題を解き始めた。他の子が、3分の1くらいできた頃から始めたのに、チャイムと同時に、全部解き終わっていた。

採点すると、何と満点だった。賢い子か、遅れている子か分からない子だった。

後から聞くと、ラジオの数学の高校講座を聞いて理解しているとかで、「子どもは、見かけじゃ分からない」と思った。

彼は肌が真っ白い子で、手の指は白く細く長くて、お姫様のようだった。

「うらやましいね。きれいな手」と言うと、

「そうかなあ。腕に爪で絵が描けるよ」

と言って、強く引っかくと赤い線になって簡単な絵になった。

彼は今どうしているかなあ。どこかの大学で数学の教授になって、複雑な数式を黒板に書き、

「君たち、この簡単な式のどこが分からんのかねえ」

などと、威張っているかも知れない。

〈牛乳を出す牛は〉

給食の時間に、ふと思いついて言ってみた。

「牛乳は、何が出したお乳《ちち》ですか？」

「牛に決まってます。牛の乳と書きますから」

子どもたちは「当たり前や」と言っている。

「そうですね。牛乳を目的で飼う牛を乳牛と呼びます。牛肉が目的の牛は肉牛です。

乳牛の種類を知っていますか？」

「ホルスタインやジャージーです」

「すごいですね。よく知ってますね」

「ところで、ホルスタイン種の牛は、全部、乳を出しますか？」

「牛によって違いますが、全部出します」

「ブーッ。それは間違いです」

「オスは出しません。メスだけです」

「メスなら、全部出しますか？」

ここで、全員沈黙。「うーん」などと言っている。そこで私は、声の調子を改める。

「メスなら、どれでも乳を出すわけではありません。子牛を産んだ母牛だけです。私は女性ですが、子どもを産んでいませんので、乳は出ません」

子どもたちは「フフフン」などと笑う。

「ところで、牛は、誰のために乳を出すのですか？」

「子牛のためです」

「そうでしょう。それを人間が横取りしているのです。牛乳を嫌いだのまずいなどと言ったら、牛が『誰が飲んでくれと頼んだか』と、怒ると思います。一滴残らず飲んで、『ありがとうございました。おかげさまで成長することができます』と、お礼を言いなさいね」

その後で、

【ちちうしの　ちちは
　ちちうしではない
ちちうしの　ははは
　ちちうしである】

と書くと、「あああ」とうなずく子と「何のこっちゃ？」と首をかしげる子に分かれた。

そこで、

【乳牛の父は　乳牛ではない
　乳牛の母は　乳牛である】

漢字仮名交じりに直すと、たいていの子に通じて、笑いが起こった。

「乳牛の子が産まれると、メスならバンザイでオスならガックリです。オスは肉をもらうわけですが、肉牛ほど美味しくないからだそうです。

みなさんは、人間で良かったですね。男と女が同じ値打ちですからね。男女同権です。

この大切な言葉の意味は、分かるかなあ?」

熱心な子は、ちゃんと調べることだろう。

〈「何のことか知らん」と言う若者〉

若い時代に、外国旅行を何回もした。旅行中は、積極的に英語をしゃべりまくった。よく通じるので大得意だった。けれども外国人は、「日本人のしゃべる英語だから」と、割り引きして相手になってくれているのかも知れないとも思った。

それで、退職してから、英会話を習って、幼稚ではなく、品のある英語を話したいと思った。

はじめはグループだったが、メンバーに自己中の人がいると、いつまでもダラダラとしゃべるので、自分の時間は少なくなってしまう。これではストレスが溜まるだけだ。

こんなわけで、「マン・ツー・マン」の個人レッスンを選んだ。料金は高めだけど、「しゃべったぞ」という満足感が残る。

ある日、何かのはずみに「競馬」の話になった。

「日本には『春うらら』という馬が百連敗以上しているので、かえって人気がある」

と私が言うと、外国人講師は目をパチクリさせて、

「弱い馬が人気者になるのは何故か？」と訊いてきた。

強い馬に人気が集まるのが当然だろう、と外国人は思っているのだ。そこで、

「日本人には『判官《ほうがん》びいき』という言葉があって」

と言ったところ、講師は「判官びいき」はどういう意味かと問うてきた。

私は、自分が言っておいて、「鎌倉幕府」や「源頼朝」の話からしないといけないかなあと思って困ってしまった。

困り果てているうちに、終わりの時刻になってしまい、中途半端で終わってしまった。

私は、受付の所にいる若いスタッフに教えてもらおうと思って、

「『判官びいき』というのを、どう言ったらいいでしょうか？」と、質問した。

そこには、三人ほどスタッフがいたが、

「『判官びいき』などという言葉は、知りません」と、口を揃えて言った。

「じゃあ『弁慶の立往生』なども知らないでしょう？」と言うと、「そうだ」と答えた。

私は、六年生の社会科で、兄頼朝に追われて東北地方に逃げて行く弟の義経と、弁慶のことを詳しく話した。長い人質生活でできてしまった、人を信じない頼朝の哀れな性格も話した。一時間は費した。

歴史的な人物のエピソードなどは、半分は作り話だと言う人もいるが、こういう話を入れるから教える教師も教えられる子どもも楽しいのではないか。

今の教育では、そういう話をしている暇がない。四十五分で、二百年くらい進んで行かないと、卒業式までに教材が終えられないのだ。私の時代は、講談みたいな授業をしても、ちゃんと卒業式までには終了した。

〈子どもたちの「祇園精舎の鐘の声」の声が響き渡る〉

我が校が、国語の研究会の全国大会の会場校になった。

晴れの大舞台で授業をしたいと思ったが、この研究会があるからという理由で、転勤して来たという教師がいることを知り、私は断念せざるを得なかった。その代わりに、昼休みに講堂で行われることになっている「児童発表」をさせてほしいと思った。

校長にお願いに行くと、快諾してくださった。

もうすぐ六年生を終え中学生になる子どもたちに、私の大好きな『平家物語』の一節を、声を合わせて暗唱させたいと思った。

神戸には、須磨寺がある。平敦盛《たいらのあつもり》の「青葉の笛」が奉納されている。この歌も大好きなので歌わせよう。私の思いどおりに台本を作ることができる、とワクワクしてきた。

題は「神戸に生まれ育つ喜び」とした。

韓国籍の男子には、

「ぼくは、二つの国の文化を持っています」

と、誇りを持って言わせることにした。

「ハーフと言う人がいますが、あなたは、ダブルなのよ。自分の国籍のある国も、日本と同じように愛してね」

と、個人的に話しかけた。

早速、父の形見の『平家物語』を本箱から出し、巻頭の文をどこに持っていくか考えた。「青葉の笛」も全員で歌うことにした。

「一の谷の軍《いくさ》敗れ、討たれし平家の公達《きんだち》あわれ……」（平家の公達は平《たいらの》敦盛《あつもり》）

伴奏は、ピアノの上手な女子が引き受けてくれた。やっと、大学時代に頑張ってきた音楽の指導ができるようになった。私は張り切った。子どもたちは、一生懸命に付いてきてくれた。

いよいよ、本番の日、

祇園精舎《ぎをんしゃうじゃ》の鐘の聲、諸行無常《しょぎゃうむじゃう》の響《ひびき》あり、

沙羅雙樹《しゃらさうじゅ》の花の色、盛者必衰《しゃうじゃひっすゐ》の理《ことわり》をあらはす。

驕《おご》れるもの久しからず、たゞ春の夜の夢の如し。

※『平家物語評釋』（明治書院／内海弘藏著 初版大正四年九月一日 定價金四圓五拾錢）

のよみがなのまま

十一歳・十二歳の幼い子どもの声だけど、朗朗と響いた。

私は、子どもたちが、精一杯、大きく口を開けて語り、歌う姿を見ていると、いとしくて、かわいくてたまらなかった。教師としての幸せを感じる時間だった。

〈修学旅行で、びっくりした〉

二学期に入ると、六年生はそわそわし始める。ずうっと前から楽しみにしてきた修学旅行が近づくからである。大方は伊勢方面だ。

出発の一週間前頃から、「持って行く物」の話になる。必須の物、持って行っても良い物、やめた方が良い物、やめるべき物に分けて質疑応答をする。

「カメラは、どうですか？」

「写真屋さんが同行します。不必要です」

「ゲーム機は、いいですか？」

「伊勢に行ってまでゲームをすることはありません。駄目です」

「バスタオルは、どうですか？」

「そんなに大きくないリュックでしょ。かさばる物はやめましょう。普通のタオルにしましょう」

「シャンプーとリンスは、どうですか？」

「お店が見本でくれるような、一回限り使用の物以外のボトルの物はやめましょう。リンスは、皆さんの髪は若いので、一回くらい使わなくても美しい髪です。だから不要です」

こんな問答は楽しいのか、いつまでも続く。

教師としては、伊勢神宮について少しの知識を与える。以前は「二礼二拍手一拝」という参拝の仕方を教えたが、宗教的なことを避けるという意味で、「参拝」と言わず、「見学」と言うようになった。絶対に受け入れない宗教もあるので、慎重にしなければならない。

貸し切りバスで、外宮↓内宮↓土産物店↓宿と行くのだが、宿に向かったところで、ガイドさんが、

「皆様、お疲れさまでした。どこが一番良かったですか」

と、にこやかに問いかけると、

「お土産屋さん」

と声を揃えて言ったので、大笑いになった。

宿に着くと、食事と入浴だ。一班につき十五分間である。

「さっさとしないと、次の班が入って来るよ」

と急《せ》かしたのに、脱衣場でモタついている。

タオルを腰に巻いて、モジモジしている男子が何人もいるので、

「何してるの、さっさとなさいよ」

と急《せ》かすと、「恥ずかしい」と言う。ほとんどの家にお風呂があって、銭湯に行ったことがない。それで他人の前で全裸になったことがないのだ。

「何が恥ずかしいのですか。男として付くべきものが、付いてないんですか？」

と言うと、そっとのぞいてみるかわいらしさ。

「付いてます」と答える。

「だったら堂々たるものです。付いてないんなら恥ずかしいけどね。さっさとパンツを脱いで入りなさい。あと、十分足らずよ」

子どもたちは、潔く浴室に入って行った。

「さて、もうすぐ次の班だなあ」

と思いながら、女子の浴室へ。催促しないでも、半数の子は湯から上がって、パジャマを着ていた。

ふと見ると、パジャマの背中がびっしょりと濡れている子が二、三人いる。私は驚いて、

「どうしたんです？　背中がビショ濡れですよ」

と言うと、

「だって、バスタオルじゃないと拭けないもん」

「普通のタオルで拭いたことないんです」

とは、何と情けない。

「そういう人が何人もいるんだったら、お互いに拭き合ったらどうですか」

そう言うと、パジャマを脱いで、お互いに拭き合った。

「何で、これくらいの工夫が思いつかないのだろうか」と心から嘆いた。

夜が更けると、早朝から興奮し緊張したせいか、布団を蹴飛ばして眠る子の顔は、本当に、あどけなく、かわいかった。

初めての引率では、全然、思ってもみなかったけれども、次に六年生を持ったら、「普通のタオルで背中を拭く練習をしておきなさいよ」と、三日前には言っておこうと思った。

帰りの「修学旅行専用列車」の中で、私はしばし深い眠りに落ちた。

誰も行方不明にならず、誰も怪我をせず、全員無事に帰校できて、誠に幸いであった。


〈涙のあふれ出た卒業式〉


神戸沖の港島（ポートアイランド）は、十五年の歳月と5300億円の巨費をかけて造り上げた「人工の島」である。「山、海へ行く」のキャッチコピーで、須磨の裏山の土を船で運んで一九八一年に完成した。

この島に設立されたのが「神戸市立港島小学校」である。私は開校の年に、この小学校に赴任した。

たいていの新設校は、大きな小学校から分かれてできるのが普通である。しかしこの学校は、元はなかった土地に設立されたので、全員が、日本のあちこちから引っ越して来た子どもたちだ。

　はじめ、初年度には、子どもが一人も来ないのではないかと言われ、私たち教師の役割は何だろうと心配した。「花壇の手入れかな？」という人もあって、「小さな花壇なのに、毎日、仕事があるかしら。仕事もないのに、月給をもらって良いのかな？」などと言っていた。

　受け付けが始まると、転校生は、ぼつぼつやって来た。一番目は六年生の男子であった。受付付近の職員は、全員「気をつけ」の姿勢で「いらっしゃいませ」と言った。

　転入生は四十二名、新一年生は八名、合計五十名で、学校は運転開始となった。

　私は、五年生の担任で児童数は十五名だった。六年生は十二名だった。球技などは、一つの学年だけではでき難《にく》いので、体育は合同ですることになった。

　転入生は、北海道から九州まで広い範囲からやって来たので、言葉が入り混じって、「港島弁」みたいなのができた。

　国語とか算数などは、力の差があまり違わなかったが、ラジオ体操は、腕を上げる角度などが微妙に違った。前に立った六年の担任は、「どこから来た？」と問う。

「奈良」

「奈良か。君は」

「熊本」

　出身地が分かって愉快だった。

私のクラスの中に、S君という「場面緘黙児《ばめんかんもく》」がいた。私は、その症状の子を一度も受け持ったことがなかった。家の中ではうるさいほどしゃべるのに、学校という場面では、口を貝のように閉じて、ウンともスンとも言わないのだ。

母親の話では、二年生から四年生まで、学校では一言もしゃべらなかったという。全く彼を知らない寄り合い世帯の新設校なら言うようになるかと思って、引っ越しを決断したそうだ。

初対面の時に、「就学通知票」を片手に、名前を呼んだ時に「ハイ」と、かすれたような声で返事をしたので、「声が小さいね」と注意したのだが、母親としては驚いたと後ほど聞いた。

翌日から、彼との闘いが始まった。

「何としても、しゃべらせなければならない」と決意して、彼の前に立った。

列ごとに、順番に何か言うと、彼だけ何も言わない。私は「廊下に出なさい」と言って、いっしょに出た。他の子には自習の指示をした。

私は、廊下で彼と向かい合って、あぐらをかいて座った。

「人は言葉を持っていて、ここが他の動物と違うところです。イルカでも、二十くらいの言葉を話すそうです。あなたは、ずっと黙っているつもりですか?」

と怖い顔で言うと、

「これから言います」

と内緒話《ないしょ》のような声。

これを何回繰り返したことか。

他の子どもは、指示しなくても、自分なりの勉強をするようになった。S君の特別な事情をしっかりと理解して、「先生はS君をひいきしている」とか、「先生は、S君ばかり特別にしている」などと言って、怒ったり、ひがんだりする子は一人もなかった。

私は、「さすがに高学年だねえ」と感謝していた。

若い時の私は元気だったので、休み時間は砂場で相撲を取った。S君は身体が小さかったので、私は簡単に勝つことができた。

ある日、いつものように転がして砂まみれにさせると、彼は突然、「ハッハッハー」と、大きな声をたてて笑った。私も周りの子もびっくり仰天した。

それからは、教室でも「ボソッ」と短く声を出すようになった。けれども「しゃべる」まではいかなかった。私の志が達成できないので、「ここで諦めるわけにはいかない」と決意して、年度末に「もう一回、S君を持たせてください」と、校長に願い出た結果、S君の担任になることができた。

S君のいる六年生の担任になって、しばらくしてから、東京から、男子が一人、転入して来た。彼は下町の子らしく、「そうじゃねえかよう」などと言った。関西にはない言い方なので、男子はみんな真似をし始めた。そのうちに、S君も、「ねえかよう」などと言いだした。

荒っぽい言葉だけれど、S君が言うならと、目をつむることにした。

「お前、どうして、しっかり、ものが言えねえんだ。しっかりしろよ。訓練してやろうか」

と、江戸弁の彼はS君を公園まで連れて行って、頼みもしないのに猛訓練をしてくれた。お

かげで、教室の中でも、ボソボソと言えるようになった。江戸弁の彼は、

「何だ。ボソボソ言うんじゃねえ。男なら、スカッと言ってみろや」

と、頑張ってくれた。彼は、有り難い救いの神だった。S君は、少し声が小さいくらいで、しゃべることができるようになってきた。


卒業式が近づいてきた。

今年は、卒業証書授与の時に、受け取った後、正面を向いて、これからの決意や、これまでの思い出などを一言、言わせたらどうかという案が出た。名案だと思ったが、問題はS君であった。

そこで、職員会で、

「S君に聞いてみます。彼が承諾したら、私はその案に賛成です」

と発言した。全職員がS君のことを知ってくれていたので、待つと言ってもらえた。

放課後、彼に卒業式のことを詳しく話し、

「大勢のお客さんの前で、大きな声で一言、発表するというのは、できますか?」と問うた。

「できます。やります」と彼は言った。

「やると言って、やめますは通りませんよ」

「やります」

彼は、きっぱりと断言した。彼を信じないわけにはいかない。

翌日から練習が始まった。

「ぼくは、この学校で、しっかりと、ものが言えるようになりました」が彼の言葉であった。

他の子の言葉も決まったので、教室で聞き合うことにした。呼名《こめい》は、背の順なので、彼は三番目である。

彼は、大きな声で返事をし、その後、しっかりと言ったので「おうっ」と、皆で感嘆の声を上げた。「よかった、よかった」と思った。そして、私は皆の前で、

「今日は、皆さん、最初なのに、とても良かったですよ。本番も、今日のようにね。間違ったら、やり直していいです。リラックスしてね」と言った。誰だって緊張するだろう。

卒業式の当日。六年生の担任も、一番輝く時である。

しかし、私は、心配でたまらなかった。

「どうぞ、練習どおりに、いきますように」と朝日に向かって祈った。

いよいよ、私のクラスの番だ。会場は、しんと静まり返っている。

S君の姓名を呼ぶ。

「はい」

と凛とした声が響く。

次の瞬間、私は泣きそうになった。でも、泣いたら、次の子の呼名ができなくなる。

彼は、卒業証書を、うやうやしく受け取ると、正面を向いて、

「ぼくは、この学校で、しっかりと、ものが言えるようになりました」

と、全身全霊で言った。

本当なら思い切り泣きたかったが、私は淡々と、すべての呼名を終えた。全身の力が抜けていくような気がした。二年間の戦いが実を結んだのだ。

式の後の職員会で、恒例の六年担任からのお礼の言葉を述べる時、

「先生方のお力添えをいただきましてありがとうございました。おかげさまで、立派な……」

とまで言った時に、我慢していた涙がふき出して、ポトポトと落ち始めた。

「小﨑先生、今日は泣いても良いです。長い間、お疲れさまでした」

と、教頭が言ってくださると拍手が湧いた。

翌朝、S君の母親に電話した。

「お母さん、昨日は良かったですね」

「ありがとうございます。あの子が立派に返事して、しっかり言いだすと涙があふれてきて、式の間中、とまりませんでした。周りの人は、『どうしてあんなに泣くんだろう』と不思議だったでしょう。隣の人は、おろおろしていました」

「よかったですね。良い子を持ちましたね」

「今まで『大変な子を持ったねえ』といつも言われてきました。『良い子を持った』なんて、初めて言ってもらえます」

「やる時は、やるんですね。立派な男の子ですよ」

「あの子、今朝は、全然、声が出んのです」

「昨日、全身全霊で出したからでしょうね」

彼は、小学生最後の日、精一杯の親孝行ができたのである。

私も、思い出すたびに涙が流れ、幸せになる。


私の教職生活の中で、他の学年と比べて、高学年を持つことが多かったせいか、次々と書きたいことが湧いてきた。切り捨てるのが非常に難しかった。

書いていくうちに、その時の子どもの言葉や私自身の言葉が、はっきりと思い出されて、「ああ、もうこの日には戻れない」と思うと、果てしなく寂しさが広がっていく。

また、

「もしも、あの時に戻れたら、もっと別の方法を取ることができるのに」と悔やむことも多かった。

私の教職生活での一番幸運は、一人も死亡しなかったことである。

退職の年のプール指導の最後の日、終了と共にプールサイドに、全員が揃った時に、八百万《やおよろず》の神に向かって、心からお礼を言った。

遠足だって、キャンプだって、体育の時だって、運動会の組み体操の時だって、命の危険がないことはなかったのに、死亡しなくて、本当によかった。

「このエピソードの主人公のあの子は、今、どうしているだろう。会いたいな」と思う。

教師の仕事は、激しく、辛く、困り果て、疲れ果てることも多い。

しかし、人を育て上げる仕事は良いものだ。

ここまで書き連ねた文章を読んで、若い方たちが、教師を目ざしてくれたらどんなに嬉しいだろう。

ただ、私の書き連ねたエピソードは、教材に余裕があったからこそ生まれた。

現在の、パンパンに膨れ上がった教材では、そんなことは、言っていられないに違いない。

現在の教師も、きっと愉快で楽しい授業をしたいだろう。しかし、する能力があったとしても、横道に少しもそれることなく、真っすぐにひたすら進まねばならないのだ。

教師冥利に尽きる

―教師とはいいもんだ―

教師として過ごしてきた長い年月でのエピソードを、たくさん割愛しながら書き連ねてきた。読み返してみると、

「教師とは、何と楽しく、嬉しく、難しく、辛く、尊い仕事だろう」と思う。

「そんなに、ややこしい仕事は嫌だ」

「頑張っても、頑張っても、感謝してもらえない仕事は、私には耐えられないだろう」

「私には、そんな立場になると、我慢できないと思う」

などと言う若者もいるだろう。

けれども、ほんのわずかだけど、私には、

「教師冥利につきる」

と感じさせてくれる教え子がいる。千人の教え子の中の十人ほどだけど、そういう子どもがいる。

〈「娘を連れて行きます」と食事に誘ってくれる子〉

何の前ぶれもなく、会食に誘ってくれる教え子がいる。

「友達を誘います。どちらも、娘を連れて行きます」

と言われると、よほどの先約がない限り、私は喜び勇んで即答する。

「行く、行く。いつですか」と。そして、

「それにしても、あなたがお母さんとはねえ。感無量です」と続ける。

当日、彼女を受け持っていた時とそっくりのお嬢さんたちを見ていると、彼女の幼い時のことを思い出して涙で目がうるむ。

「何年ぶりかの再会を祝って、ビールで乾杯しよう。まさか、未成年の人はいないでしょうね」と冗談を言うと、彼女たちは、

「十分に成年に達しています。未成年だった時がなつかしい」と答えて、笑い笑い笑い笑い。

受け持ちだった時、給食の牛乳を、頬をちょっとふくらませながら、ゴクンゴクン飲んでいた乙女がビールを飲んでいる光景を見ながら、過ぎ去った月日を、しみじみと思い出していた。

「お開き」の後、私は、

「教え子の場合は、奢《おご》ることにしているのよ」

と言って、さっさと支払った。

あの二組の母子たちは、お元気だろうか。

〈結婚披露宴に招待してくれた子〉

ある日、予期していない電話がかかった。

「私、Ｓですが、覚えておられますか」

「はい、ＳＭ君でしょう」

「下の名前まで、覚えてくださってるんですか。感激です」

「そりゃあ、あなたは目立っていましたから」

「ありがとうございます。今度、結婚することになりました。結婚披露宴に出席していただけますか？」

「えっ。おめでとうございます。喜んで出席させていただきます。でも、ちっとも世話をかけない子だったのに、どうして招待してくれるの？」

「私は、医師になっています。なることができたのは、先生のお言葉を守ってきたおかげです」

「それはどうも。あなたは、小さい小さい文字を書く子だったけど、カルテなどに、今も、ああいう文字ですか？」

「そうです。小さい文字です。

それで、披露宴の時、『お言葉』をお願いしたいのですが」

「分かりました。張り切って、役を引き受けます」

「私の言葉」を守ってきたと、彼は言ってくれるが、多分こうであろうと、勝手に考えた。

「『約束』は大切です。生きている限り、必ず守らなければなりません。ですから、守れないこと、守れるか守れないか分からないことは、決して、約束してはいけません」

これが、何度も言ってきた言葉である。この言葉は、どんな職業に就いても、重要だと思う。

私は子どもたちに、安易な気持ちでは約束はしなかった。例えば、テストについて言えば、その日、するべき事があって、採点できるかどうか分からない時には、「明日、返します」とは決して言わなかった。

もしも言ったとすれば、夜中までかかっても採点した。約束を破ると「先生は嘘つき」ということになって、信頼関係が壊れる。信頼関係がなければ、教育関係は成立しない。医師と患者との間にも、「信頼」が必須である。

結婚披露宴は、彼のクリニック兼住まいのある広島で行われるというので、彼のお母さまと一緒に列車に乗ることになり、打ち合わせの電話で、久しぶりに彼女のお声を聞いた。

宴での言葉の第一条件は簡潔さである。

元担任の言葉となると「思い起こせば――」と、だらだらと喋る恐れがある。聞いている方は、お料理とお酒を前にして「早く終わって欲しい」とひたすら願うだろう。

どうしたら良いかと考えた末、アイデアが浮かんだ。「天才的だ」と、自分で感動した。新郎新婦、それぞれに「賞状」と「感謝状」を贈るのである。

文具店で、賞状箋を二枚、筒二本を買って来た。

教え子の新郎には「賞状」とし、「確かな、人を見る目を持ち、すばらしい伴侶を見つけ出した」ことを誉め、初めて出会う新婦には、「感謝状」とし、「私の大切な教え子を一生の伴侶に選んでくれた」ことへのお礼を述べることにした。

すうっと読み上げて渡すのに、三分もかからないことが分かり、「ナイス、ナイス。これで成功、間違いなし」と、すっかり嬉しくなった。

祝宴の当日、会場の外で待機していると、私が来賓のトップだと聞かされて大いに驚き、「祝辞を、ちゃんと用意しておいて、本当に良かった」とほっと一安心した。

やがて、会場の大きな扉が開いて入場した。私の席は、新郎新婦のすぐ前だった。来賓の中には、病院長や大学教授など、偉い方が何人もおられたのに、私がトップに選ばれたのは、偉い方の代表は、どなたとも決めかねて、小学校の元担任なら問題なかろうということになったのだろうと悟ったけれど、尋ねても、なかなか「そのとおりです」とは言えないだろうと思って、黙っていた。

祝辞のトップは私だった。賞状を読み上げて渡すと万雷の拍手。授与式が終わって、「本日は、誠におめでとうございます」

と締め括ると、大きな拍手。だらだら喋らないので、皆様は大喜びしてくださったのだろうと嬉しくなった。

乾杯の後、新郎のお母さまが来られて、

「すばらしいご祝辞、ありがとうございました」と丁寧なお礼の言葉をくださった。

食事が始まると、彼の小学生時代のことを思い出していた。

運動会の時に、リレーの選手で、黄色い鉢巻きをしていた姿が浮かんできた。ずいぶん前のことなので鉢巻きの色はそうでなかったかも知れないのに、どうしたわけか、思い出すといつも黄色である。

一度、本人に尋ねてみようと思いながら、まだ、尋ねずにいる。

こんな華やかな思いをさせてくれたS君のことを思うと「教師冥利」に尽きると、誰に向かっても言うことができる。感謝、感謝。

〈教え子の母のファッション・ショー〉

「場面緘黙児」だった子が見事に克服して、感動させてくれた話は、前述のとおりである。

彼の母は、十代の頃から洋裁を習い、私が知り合った時は、すでに一流の仕立て屋さんになっていた。

サイズを測らずに、ドレスやロングスカートを仕立ててくださったが、ぴったりだった。見ただけでサイズが分かるのだから、「これは、もう、名人だなあ」と感嘆した。

彼が特別の子であっただけに、彼女は、息子の卒業後も「師の恩」を感じたままでいてくださった。それで、時々、お茶を飲んだり、昼食を共にしたりした。

彼が五十歳を過ぎた頃、母親は「今までに縫いためてきた、普通の服を披露したい」と希望するようになった。派手さはないが、さりげなく、気楽に着られる服の「ファッション・ショー」である。

私は大賛成して、ナレーション（解説）の役を自ら進んで引き受けた。

原稿は彼女が書いていたが、聞いて分かりやすい言葉になるように、少し手直しした。

少年時代の彼の姿と顔しか頭になかったので、「五十歳を超えた彼を見たい」と切望したが、大切な用事が出来たのか、姿を見せなかった。

ファッション・ショーが始まった。モデルは、習っているフォーク・ダンスの仲間だそうだ。

彼女たちは、バックミュージックと、私の言葉に乗せて、軽やかに歩いた。

「ここに彼の姿があったら、もっといいのに……」

そう思ったけれども、彼が、私の手から離れてからずいぶん時間が流れたのに、こうやって彼のお母さんの華やかなショーの仲間に入れてもらえたことは、大きな喜びであった。

〈出版社経由で教え子の手紙が届く〉

ある日、思いがけなく、以前出版した時にお世話になった出版社からの封書が届いた。出版社からの文書には、

「あなたの住所を教えてほしいという手紙が届きました。個人情報ですから、教えられません。それで、あなたが良いと思ったら、手紙を書いてあげてください。問い合わせのあった人からあなたに向けて書いた手紙を同封します」

同封された手紙を、すぐ読んだ。何と、五十四年も前の教え子だった。

「このたび、六十五歳で会社の定年を迎えました。部屋を整理していると、昔、先生に頂いた著書が目に止まりました。あれから五十年以上も経っているので、住所はそのままではないかも知れないと思って出版社に問い合わせました」

と、きちんとした字で書いてあった。別れて五十年以上も経っているのに、私が元担任で自

分は教え子だと思ってくれるのかと思い、「何と有り難く、嬉しいことだろう」と、すぐに手紙を書いた。現在、東京の会社で嘱託として頑張っている元教え子の男の子である。

彼は、手紙を受け取ってすぐに「会いたい」と言ってくれた。

彼は、別れた時は少年であったが、今はもう「おじさん」である。しっかりと場所を決めて会うことになった。

別れた時は、私は若い教師でぴんぴんしていたのに、五十年を経て、見るかげもない老女になっていたら、彼はがっかりするだろうと思った。それで、いつもより丁寧にお化粧をして、できるだけきれいになって出かけた。胸がドキドキした。

お互いにすぐ分かり、無事に会えて、レストランに入った。男の子は、立派な紳士になっていた。

話しているうちに、五年生を担任して、大好きだったのに、そのまま手放してしまった時の子であることが分かってきた。

「ぼくらが、あまりにも悪いので、持つのが嫌になったんですか？」

と言われたので、慌てて否定した。

「違う、違う。そんなことではないのよ」

と言ってから、三年生、四年生と持って、五年生も持った子が八名いて、このまま六年生を持つと、四年間も持つことになる、小学校六年間のうち、四年間も同じ人が担任になるのは良くないと思って、泣く泣く断念したのだと、懸命に説明した。

そして、彼のお母さんのことに話が進んだ。

「久しぶりに、お会いできたら嬉しいなあ」

と言うと、

「母も、歳のせいか弱ってきまして、群馬県の施設に入っています。たまに会いに行くと、先生の話が出ます」

と、彼は言った。

大分《だいぶ》時間が経ってから、

「それはそうと、何か、神戸あたりに仕事があって、チャンスだからと会ってくれたんだと思うんだけど、仕事は、もう済んだの？」

そう尋ねると、彼は、心外と言わんばかりに、

「そんなんじゃないんです。私は、先生に会うためだけに来たんです」と言った。

「そう。ありがとうね。それだけで新幹線で往復してくれるのね。嬉しいわ」

と、私は心の底から感動して、同じ言葉を繰り返した。

別れる時が来た。記念の写真を撮った。

「教え子は、ご馳走することにしてるから」

と言うと、彼は、

「ごちそうさまでした」

と、さわやかに言ってから、帰って行った。

後で写真を見ると、二人は夫妻のように見えた。

そして、うぬぼれかも知れないけれども、私の方が若く見えた。

〈今でも、年賀状をくれる〉

担任した子は、約千人だけど、十人くらいは、今でも年賀状をくれる。特別に世話をやかせたわけでもなく、特別に珍しい技能を持ったわけでもなく、驚くほどの天才児でもない普通の子なのに、何故、くれるのだろうと、不思議になることがある。

他の人からの年賀状と違うのは、印刷した物でも、片隅に添え書きがあることだ。

私が現職の時は、教え子も若いので、

「もうすぐ、大学入試です」

「新入社員となり頑張っています」

「ステキな彼と、新年早々に結婚式を挙げます」

などというのが多かったが、やがて、

「初孫が生まれました」

「三人の子どもが、全員、独立しました」

「結婚二十年記念に、ハワイ旅行をしました」

というふうに変わってきた。そして、最近は、

「私、還暦を迎えました。自分でも、びっくりしています」

「年齢のせいか、脚腰が痛くて困ります」

「最近、俳句を習い始めました」

「旅行は、海外は諦めて、温泉めぐりが多くなりました」

などと、「高齢者」の言葉に変わってきた。

出会った時は、私は元気潑剌《はつらつ》の若い教師だったし、彼らは幼い子どもだったので、何だか奇妙な感じである。師弟共に高齢者となって、混じると区別がつきにくいに違いない。愉快なような、わびしいような、複雑な気分になる。

びっくりした添え書き。

「高齢になりましたので、年賀状は、今年限りにいたします。来年は失礼いたします」

これを読んだ時、

「恩師が書いているのに、元教え子から先に、そんなこと書かないでよ」

と言いたくなった。

「年賀状は、もうやめよう」

という声が起きている。無駄なことのようにも思う。

でも、私は「まだ生きていますよ」、「まだ認知症にもならず頑張っていますよ」と知らせるために、年賀状は続けようと思う。

「私は、今年、百歳になります」

と書けたら、愉快だと思っている。

受け取る方も、めったに見ることのない文面なので、「長寿のお守り」として大切にしてくれるに違いない。

〈四十二年ぶりの対面〉

何の前ぶれもなく、四十二年前の教え子から、電話がかかってきた。

「友だちと話していたら、先生の話が出てきました。お会いしたいです」と言ってくれた。

神戸市立港島小学校で、五、六年と受け持った真鍋仁美さんだった。いつも真面目で物静かなお嬢さんであった。

「会いたい、会いたい。是非とも」

私は、勢い込んで言った。彼女は、

「M君も、会いたいと言ってるんですが、いいですか？」と、明るい声で言った。

「良いですとも、M君、今、何してるの？」

「整形外科医です。港島で」

「受け持っている時に『なりたい』と言っていたけど、めでたくなれたのね。あなた方の都合の良い日に、ポートピアホテルのロビーで会いましょうか？」

約束の日になった。四十二年ぶりの対面なので、わくわく、ドキドキした。別れた時は、三十歳代の若い教師だったので会って、その違いにがっかりさせるのは罪だと思った。しかし、こればかりは自然の流れなので、ジタバタしても仕方がない。

普段どおりのお化粧をして、いそいそと出かけた。

ロビーに向かうと、彼女が正面から、足早《あしばや》にやって来た。

「お久しぶりです。少しもお変わりありませんね」

と、お世辞を言ってくれた。

「かなり変わっていますけどね」

と私は言ってから、M君の待つ所に向かった。

レストランは、M君が予約しておいてくれていた。

（本名を出したいのだが、本人がやめて欲しいと言うので、仕方なく、M君と呼んでいる）

彼は、小柄で「チョコチョコ」していた記憶があるが、五十三歳になって、今が一番充実している立派な医師になっている。すっかり貫禄がついていた。私は、

「今話しておかなければ、二度と会えないかも知れない。今、言っておこう」

と思った。だから、次から次へと、バラバラの話題で、熱心に喋り続けた。

最後に、

「私、今、整形外科に通っているのだけど、M君が同じ科の医師なら、診てもらおうかなと思うのだけど、元担任の診察なんて、嫌ですか？」

と、訊いてみた。すると彼は、

「そんなことないです。平気です」

と気易く言ってくれたので、通院することにした。「本当かな？」とは思ったけれど。

二人と別れた後、二人にこの日のことを感じたままに書いてもらった。原文のまま、紹介したいと思う。

久しぶりに　元担任の先生に会って

真鍋　仁美

こんな事もあるんですね。

小学校を卒業して42年、卒業してから年賀状だけは毎年欠かさず出していて、先生も毎年お返事を必ず書いてくれました。

沢山の生徒さんにも書かれているはずなのに、ちゃんと返してくれるので毎年の楽しみにもなっています。

今から26年前に一人目の子どもを産んだ時、実家に子どもを預けて先生とランチをした事があります。丁度今の私の年齢で、バリバリの現役でしたので、お忙しくされていたことでしょう。

話の中心はやはり小学校時代のことが多かったと思いますが、よく覚えているものだなあと思ったことを記憶しております。

それから月日が流れて、今年の四月、今度はM君も交えての再会、嬉しかったですね。

外見は、お互い年を重ねましたが、話していると当時のことを思い出し、懐しかったです。先生と生徒の関係は変わりませんが、当時は大人と子どもの間柄でしたが、今は大人対大人でより親近感が湧きました。
ビールで乾杯して、お食事を食べて最高でしたね。

今でもお手紙のやりとりが続いて、会える環境にあるという事がとても嬉しいです。たくさん教え子がいる中で先生の記憶の中の一人として残っていることを、とても嬉しく思っております。

最後に久し振りに会って思うことは、年齢よりも全てが若いこと!!
バイタリティに溢れてるし、習い事もされてるし、何より字がお上手です。
同年代と比べてみて下さい、全く年齢を感じさせないですね。
これからも今のまま、先生らしく突き進んで下さい。

M君の原稿は、出来上がるまでに、一か月間もかかった。元担任に採点されるかと心配して、念には念を入れて、頭の中で練っていたせいかも知れない。「文字のことも言われるんじゃないか」と心配してか、肉筆ではなく、機械の文字だった。

そんな「大仕事」をさせて、申し訳なかったと思っている。

M（教え子整形外科医）

元担任が私の患者さまになった日

五十年余り生きていると、人生には何度かターニングポイントがあると思います。それは、その瞬間に「今がターニングポイントだ！」と気づく事もあれば、後になって「あぁ、あれがターニングポイントだったんだ」って後に気づく事もあると思います。僕の人生で初めてのターニングポイントは小学五年生の３学期だと、後になって思いました。小学五年生の夏休み中に、父親のクリニック開業に伴って芦屋からポートアイランドの港島小学校へ転校となりました。当時、港島小学校は翌年にポートピア'81を控えた未来都市に出来たばかりの新設校で、まだ全校生徒も少なく、「ポートピア'81」近隣の小学校ということでマスコミにも注目され、テレビの取材なども多く、学校全体が浮き足立っていたように記憶しております。そこで担任として出会ったのが小﨑先生です。小﨑先生は一言で言うと「厳しい先生」です。生徒に「ダメなものはダメ」と頭ごなしに言うタイプではなく、理論で詰めるタイプの厳しい先生です。ただ私はそんなに叱られた記憶はありません。当時、私は父のように医師になりたいという夢がありました。そのためには、中学受験をしなければならない、と両親から刷り込まれておりました。港島小学校で中学受験を控えていたのは、僕一人だったのですが、学校全体の雰囲気もあり、小学生の私は塾へ行くより友達と遊ぶ方が楽しくなっていました。そんな中、六年生になる直前、両親と小﨑先生が話し合って他校へ転校することになりました。小学生にとって転校は人生の一大イベントでありますが、将来の自分のことを考えたのか、私自身は反対しませんでした。ただ、公立小学校の先生がその事を認めてくれたことが、後になってターニングポイントだったと思いました。担任をしている生徒を他の小学校へ送り出すというのは大変な決断があったかと思います。小﨑先生、ありがとうございます。その後、私は紆余曲折がありながらも何とか医師になり、現在、父親のクリニックを継承しております。他のクリニックの患者さまとして小﨑先生がご健在であることを教えて頂き、再会する機会を作って頂きました。令和5年4月22日、四十余年ぶりにお会いした小﨑先生は容姿は多少歳を重ねられたことは否めませんが、「厳しい先生」感は全く衰えておらず、お話しする内容も口調も情熱があり、想像したままの小﨑先生でした。昔の思い出話から現在も取り組んでおられるお仕事まで、3時間喋り続け、私には40年前の感謝の気持ちを伝える時間も与えてくれないほどでした。そんな小﨑先生も寄る歳波には勝てないようで、腰や膝が痛いと言われます。これは私の出番だと思いました。整形外科クリニックをやっている私にとって、何か恩返しができるとすれば、少しでも痛みを軽減し、少しでも筋力アップすることとて、現在のお仕事をスムーズにこなしてもらえるようにすることだと考えました。理学療法士を含めたスタッフ全員に協力してもらい、当院でやれることを考え、リハビリをしたり、膝や腰にブロック注射をしています。担任の先生の膝に注射する日が来るんだ、と感慨深くなりましたが、今後もちょっとでもお役に立てたらいいな、と思っています。

〈五十年前のサッカー少年が、フランス料理の名シェフになった〉

新型コロナ騒ぎは三年目に入り、二〇二三年十月には、インフルエンザ並みの「5類」になった。

「やれやれ、私は感染せずに済んだか」

とホッとしたとたんに、十月の下旬、医師から「コロナ感染」を告げられてしまった。

私の年齢になると、身体にいろいろな障害が出てがっかりしていたが、今まで「他人に感染させる病」になったことはなかった。

それなのに、今になって「加害者」になる可能性が出てきたので、大変悲しくなった。「うつされる恐怖」よりも、「人にうつす恐怖」の方が、はるかに大きいことを知った。

「ひとり住まい」の私は、外出しない限りは「罪」を犯すことはないので安心だが、心の傷は大きくなっていた。初めて、感染者の真の苦しみが理解できた。

そんな時、一通のＦＡＸが届いた。

「……私は、五年生の時にお世話になった下山芳生です。私の学生生活の中で、一番お世話になった先生です。……」

何と「嬉しい」FAXだろうと思った。

彼は、五年生の時、運動大好きの少年であったが、勉強はあまり好きではなかった。

ある日の夕方、校長に呼ばれ、

「下山君が放課後、運動中に怪我をして、鼻を腫らしたまま帰宅したらしい。お見舞いの電話を入れてくれ」と言われた。

彼は、サッカーが好きな少年なので、強烈なボールが直撃したのだろうと思い込んだ。

電話に出た彼は、

「家に帰って『痛い、痛い』と泣いていると、父が『男のくせに、鼻の骨が一つや二つ折れたぐらいで泣くな』と怒るんです。『鼻の一つや二つ』なんて言うけど、鼻は一つに決まってるでしょ」

と言ったので、気の毒ながら噴き出してしまった。そして、

「あなたの言うとおりよ。鼻が二つもあったら、不気味よね」と言った。

彼のお父さんが、ああいう方で良かった。

「学校は、どう責任を取ってくれるんだ！」

と怒る保護者であれば、困り果てるところであった。

こんなことがあったので、千人以上も教え子がいるのに、「下山」だけですぐ彼のことを思い出すことができた。

「……私が今あるのも、五年生でお世話になった小崎先生のおかげだと、亡くなった母も、いつも口にしておりました。私も62歳になりましたが、まだサッカーを今も続けております。……」


FAXの文章は続く。有り難くて嬉しい言葉ばかりだった。

次に続く一文に驚いた。


「……私は現在、神戸市で『レストラン アンジュジュ』というフランス料理店を、妻と二人で営んでおります。……」


サッカー少年が、フランス料理のシェフになったというのだ。なんという飛躍だろう。

幸いにして電話番号を記してくれていたので、すぐに受話器を握った。

十一歳の少年の声は、落ち着いた紳士の声に変わっていた。五十一年ぶりに聞く声である。

すぐに、鼻の怪我のことを私は言った。

「あれは、サッカーボールが当たったのではありません。体育館で卓球をしていて、友達のラケットが当たったんです」

と、彼は意外なことを言った。

いろいろ話してから、十一月最終日に、彼の料理を味わいに行く約束ができた。

「教師冥利に尽きる」と思いながら、その日が来るのを、指折り数えて待った。

当日の朝、ＦＡＸが届いた。


「十一時頃、お迎えに参ります」


その時刻が近づくと、「どんな風格のある人物になっているのだろう」と、ワクワクしてきた。

シルバーの車のドアが開いて、髪に白いものが混じる立派な男性が現れた。

「本当に、本当に、ありがとう。嬉しいの一言です」

と言うと、彼は微笑んでくれた。

初対面の彼の奥さんは、温かく丁寧に迎えてくれた。愛する夫の大切な恩師だと思ってくれているようであった。嬉しい、嬉しい。

他のお客さんの予約は取らず、私だけのための店にしてくれていた。

脚の長いグラスのワインは、美味だった。

オードブルは、普通の材料に手間をかけて、すばらしい味を創造したものだった。

一つ一つ厨房から出て来ては説明してくれ、質問に応えて話してくれた。

フランス料理のフルコースなど、今までに食べたことがあっただろうかと思いながら、味わいながら一口ずつ大切に口に運んだ。

楽しく貴重な食事の時間は、過ぎていってしまった。

ディナーの準備があるのに、わざわざ私の家まで送ってくれた。

「妻の支えがあるからこそ、やっていけます」

と、別れ際に、彼は心を込めて言った。

「いつの間に、そんな優しい夫に育ったの」

私は心の中で呟いた。そして、

「新しい年が来ても、あのフランス料理が味わいたいなあ」

と、繰り返し思うのであった。


教育職は、辛く、厳しく、理不尽なことの多い仕事ではあるが、たまに「教師冥利」につきると、胸がふるえるようなことがある。

ここで取り上げたことは、ほんの一部である。もっともっと多くのことが、私の生きがいとなってきた。

「教師は、そう捨てたものではない」と感じ、「教師は、すばらしい職業だ」と、今の私は声を大にして言える。

進んで学ばざれば　生きること能《あた》わず

――野生動物の掟――

半世紀も前、まだ青年教師だった姉の夫（義兄）に連れて行ってもらった宮崎県都井岬《といみさき》に、また行きたくなった。ここで力強く生きぬく「野生馬」に会いに行くためである。現在は百頭あまりいると言う。

日本古来の馬で「御崎馬《みさきうま》」と呼ばれ、江戸時代の末まで、高鍋藩《たかなべ》の秋月《あきづき》家の軍馬として野生に近い状態で飼育されていたそうだ。

競走馬として改良されてきたサラブレッドに比べて、少し小型で、首は太く長い。脚は太くてサラブレッドより短い。どの馬もそうであるが、牙や角などを持っていないが、速く走ることのできる脚が唯一の「武器」で、獰猛《どうもう》な敵とは戦わず、ひたすら逃げる。

都井岬には管理事務所があり、多くの職員が勤務しているそうだが、「飼育」はしていない。ダニが大発生した時には、殺虫剤をまいたりはするが、大怪我をしたり重病になったりしても、人間は手を差し伸べないで見守るだけだと言う。できる限り野生の馬として、生きぬいてほしいという願いからだそうだ。

電話で仲良くなった女性は、はじめのうちは、助けたくてたまらなくて、それが禁止されて辛くて涙が出たりしたが「もう慣れました」と言った。

馬は、三歳になると「成馬」で、子馬を産むことができるようになるそうだ。

馬の乳房は、後ろ脚近くにあって、ドジな子馬は見つけられないこともあるという。

人間の母は、だっこして、乳房を子どもの口の近くに持っていき「おちちをふくませる」ことをするが、馬の母は一切しないのだそうだ。もっとも、他の動物も、「おちちをふくませる」ことはしないとは聞いているが……。

乳房を探すことのできなかった子馬は、脱水症状になって死んでしまうらしいが、母馬は、

「これも自然の掟だ。乳房を見つけることもできないようじゃあ、野生馬として生きぬくことは無理である」

と、あっさり割り切って捨ててしまうようである。

子馬は、三十分もすると、細くかよわい四本の脚をふんばって立ち上がる。

お産の後は、血液や胎児を包んでいた膜や「あと産」と呼ばれる物がたくさん残る。強い臭いがするので、強い獣たちが襲ってきて親子ともども殺されてしまう危険性がある。だから、一刻も早く、そこを立ち退《の》いて、他の所に移らなければならない。

人間なら、だっこやおんぶをするところだが、母親は「ついておいで」とも言わず、歩き始める。子馬は、言われなくても、力いっぱい母とはぐれないようについて行く。

新しい場所に移った後は、子馬は母馬のそばにぴたりと付いて、学び始める。

母に言われたからではなく、自主的に学び始めるのだそうだ。母は、何も語らない。

生きるために一番大切なことは、食事である。初めは、人と同じように、オッパイを飲む。後ろ脚の間、肛門の下あたりから、首をつっ込んで飲む。お母さんが次の子を産むと、オッパイは、ぴたりと諦めて、木の葉などを食べ始める。

人間なら、「これは毒だから、絶対に食べてはいけない。これは美味だ。よく似ているから

間違ったら大変。命を落とすよ」と、しっかりと注意するところだが、馬は違う。子馬が、じっと真剣に見て自《みずか》ら学ぶ。

お母さんは、正しい行動を見せるだけだ。

子馬は、お母さんや学校が、繰り返して教え込まなくても、ぐんぐん賢くなって、環境への適応能力が育っていく。だから、誤って毒になる植物を食べて死んでしまうなどという「大事故」は起きないのである。このようにして、教育は親から子へ、子から孫へと、間違いなく伝わっていくのである。

これに対して、人間の子どもはどうだろう。

幼子《おさなご》が自主的に学ぶなどということは、ほとんどできないし、しない。

人間の親は、子どもが真似しても大丈夫なことばかりはしない。そのとおり真似したら良いようなことばかりはできないからだ。

だから、学校が必要になってくる。「これは、生きていくには大切なことだ」と、教えるのが専門の教師が説いても、子馬が「生きるためには大切だ」と思って、真剣に学ぼうとする態度をとるようには望めない。

今、親に「教育力」がなくなってきている。

「うちの子、変な歯の磨き方をします。正しい方法を学校で教えていただけませんか」

「箸の持ち方が変なので、学校で教えてください」

などと、平気で注文する親がいる。

「おやめください。今、授業時数が減っているのに、教材が膨れ上がって、そういうことに授業時間は使えません。ご家庭の領分だと思いますので、どうぞよろしく」

と言うと、すぐ納得する人もいるが、

「漢字が書けなくても、命に関わりませんけど、虫歯になったら、それが原因で死ぬことがありますので、指導していただきたいのです」

などと、ちょっと聞くと正論のようだけど、家庭の責任逃れのような気がする。

歯みがきも箸の正しい使い方も、入学するまでに、何年も経験して身に付けてきたことである。学校で今さら正しい方法を教えようとしても、手遅れではないかと、私はいつも思う。

野生馬のお母さんのように、人間の母親も普通に生き抜くには必要な最小限の教育をしておいて欲しいと思う。

そのためには、正しい方法、生き抜き方を親自身が知らねばならない。

親が「清く正しく逞しく」生活していれば子どもは自然に「清く正しく逞しく」育つのだ。自他共に愛することができる子になる。

大切な大切な愛《いと》しい国の宝の子どもを、虐待したり殺したりするのは、もってのほかだ。

義務教育で子どもたちにつけたいのは「生きぬく力」である

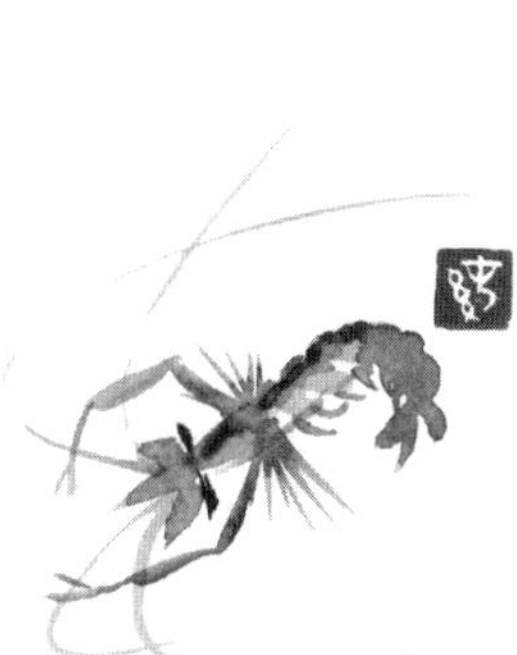

二〇二三年五月のはじめに、「コロンビア南部のアマゾンのジャングルで、小型機墜落事故に遭った子ども四人が、約四十日間生き延びた」という驚くべきニュースが報道された。

小型機の事故で、大人は全員死亡したが、子ども四人だけが残されたと言う。

子どもたちは、十三歳を頭に、九、四、一歳の四人だ。十三歳の長女が他の三人を率いて、行動して生き延びたそうだ。

子どもたちは先住民ウイトト族で、日頃から「ジャングルで生きぬくための知識」を両親から教え込まれていて、十三歳の長女にはしっかりと身についていたという。

ジャングルにはピューマやヘビなど危険な生き物も多く、数メートル離れれば、見失ってしまう。長女は、他の三人を率い、適切な食べ物、飲み物を与えたのだそうだ。

何という、すばらしい統率力、リーダーシップだろう。私はただ、ただ、感心していた。

これが、日本人の子どもたちだったら、どうだろう。三、四日で倒れてしまっていただろう。

日本の子どもたちは、ジャングルを彷徨《さまよ》うようなことにはならないだろう。けれども、両親から離れて、子どもだけで生きぬかなければならないことにはなるかも知れない。

その場合、十三歳の子が、下の三人を率いて四十日間も生き延びることができるだろうか。

現代っ子は、人間としての尊厳を失わずに「生きぬく力」を、持っていないのではないだろうか。

両親に、その力をつける能力がないとすれば、学校が代わりに任を負うべきではないかと思う。

酷い「いじめ」があると、洋洋たる前途のある子どもが、自殺してしまうという痛ましい事件が起きることがある。そういう子どもが在籍する学校の校長は、全校生を講堂や体育館に集合させ、「命の尊さ」を切々と説いて聞かせる場合が多い。私はそのたびに、「死んでしまってから、命の尊さを説いても遅いだろう。死んでしまう前に、教育するべきであったのに」と口惜しい。

教師は、そういうことを教育すべきであると、十分に知っているはずだ。しかし、「教材は多いし、時間は足りない」となると、教師は、「どうすれば良いのだろう」と問いかけるのではなく、「こうすれば良いのだ」となってしまう。そうすれば10分の1の時間で済む。

例えば、三角形や台形の面積の公式の場合、「どうやれば導き出せるだろうか」よりも、「公式は、こうだ。覚えて、面積を求めよ」と言う方が、簡単である。教師も子どもも、楽である。けれども「どうすれば良いか」という能力は育たない。だから「いじめを受けたら、どうすれば良いか」と考えようと思わないし、考えても名案は浮かばない。

「生きぬく力」を育てるのは、大変である。

自殺した子が、自分のクラスの子であれば、担任はどんなに辛いだろう。算数のテストで、たとえ、全員が0点を取っても、取り返しがつくので、そんなには辛くないけれども。

例えば、店で日頃から欲しいと思ってきた品物を見つけたとする。買いたいが、お金が少しだけ足りない場合、どうするだろう。

一、欲望に負けて、万引する。

二、「まけてください」と値切る。

三、「今はお金が不足していますが、もっとお金がたまったら買いに来ますから、それまで売らないで、取っておいてください」と頼む。

四、「足りないお金は、必ず、お金が入ったら持って来ますから、売ってください」と頼んで、持っているお金を全部渡して、品物をもらう。

五、買えないから、あきらめる。

私は、五通りの方法を思いついた。でも、現代っ子は、そんなに多く思いつかないから、万引犯になってしまったりするのだ。

「どうしたらいいか」と深く考えることができない子は、犯罪者になってしまう。これから先の長い人生を何年間生きるか分からないのに、幼児や若者が、暗く重い荷物を背負いつづけていかなくてはならない。

こんなことにならないような教育が、他のことよりも大切ではないだろうか。

最近、重い犯罪の加害者が報道されるが、十代、二十代、三十代の人の割合が大きい。「人生百年時代」と言われているのに、そんなに若い時に罪を犯したら、残りの長い人生を、どうやって生きていくのだろうか。

子どもの人生の進むべき道を教えるという重要な仕事が、教職者の本分になったら、そんな大切な役割を果たす職業なら、自分も就きたいと思うようになるのではないだろうか。

最近、「精神的疾患で退職する教師が増えている」と報じられた。「ストレスなどで休職を余儀なくされている教師が多い」とも聞く。定年まで勤めることができた私は幸せだった。

教職の重要さを説いた父の遺言

父は、癌でこの世を去った。

病状が重篤になった時、姉と一緒に病院にお見舞いに行った。身体は大変衰弱していたが、意識は、はっきりしていた。

父は、はじめ、姉に向かって、妻と母親としての立場の大切さを説いた。

次に、私に向かって厳しい顔つきで、

「佳奈子は、子どもたちを教育するという、大切な職業に就いている。是非とも『戦争はいかん』と、教え込んでほしい。子どもは、未来の日本の進み方を決める大切な人だ」

と、小さい声だけど力強く言った。そして、「戦争はいかん、戦争はいかん。絶対にいかん」と、呟くように繰り返して言うと、疲れたのか、目をつむってしまった。

看護師さんに促され病室を出ると、二人とも病室の外の長椅子に座った。

私は、父の最期が迫っているのを悟り、

「あれが、父の遺言だったのか」

そう思うと、大粒の涙があふれ出てきた。若い女性が大泣きしているので、廊下を通る人は、

「どなたか亡くなったの?」と声をかけてきた。

私は首を横に振って、泣き続けた。

それから間もなく、父はこの世を去ってしまった。

葬儀の日、姉は、

「これ、お父さんから預かったお金よ」

と言って、一万円札を差し出した。

現在のとは違って、聖徳太子の肖像画のある幅の広いお札だった。

「お父さんの指紋が付いているお札――」

と思って、また涙があふれた。

遺品を分ける時、父の細かい字の書き込みのある『平家物語』の原文の本だけを受け取った。この本は、阪神・淡路大震災にも負けず生き抜いて、今も本箱の中でしゃんと立っている。


戦前の教育では、「国家に命を捧げることは、最善の行い」とされていた。

「男子は、身体を鍛え、強い心を育てて、国家のために命を捧げられるようにせよ。国民の命は、鳥の羽毛よりも軽い」

「女子は、強い兵隊になれるような男子を産み育てよ。出兵の後『銃後の備え』を万全にせよ」と、幼い子どもたちに、教師は教え込んだ。たとえ「そんなことはない」と思っても、正直に言うことは絶対に許されなかった。

宗教で「洗脳」という言葉がよく使われるが、教育でも、幼い時から言われると、それが当然だと、脳は覚え込んでしまう。

「お国のために、命を捧げる」

などという言葉は、日本から消えようとしている。「命は、あなたの一番大切なものです。

どんなことがあっても捨ててはいけません」と教えることができるようになった。

私は、新しい教育になってから教師になったので迷いは全くない。けれども、戦争をまたいで教職にあった場合は、

「大切なことを、百八十度変えて教えることなどどうていできない」

と迷い悩んで、辞めてしまう人が多かったと聞いている。

私は三度も、鹿児島の知覧《ちらん》にある「特攻平和会館」に行った。ここには、十七歳から二十三歳くらいの特攻隊員の青年たちの遺言書が展示されている。毛筆で、きちんと書いてあった。健康そのものの青年なのに。数日後には「ゼロ戦」と共に命が失われていく運命だというのに。

「今、私に国家に命を捧げる誉《ほまれ》の日が訪れようとしています。見事に敵艦と共に、命を散らして参ります」

のような内容で、最後に、

「父上、母上に恩返し、孝行も出来ないまま先立っていく私をお許しください」

と書いてあった。読み進むと涙が流れ落ちた。

これを読んだ両親は、胸がはりさけそうだっただろうに、近所の人たちから、

「このたびは、名誉のご出征、おめでとうございます」

と言われると、無理に笑顔を作って、

「ありがとうございます。名誉の戦死を遂げてくれるよう、願っております」

と言って深々と頭を下げたのだろう。

出征の日は、近所の人たちが、日の丸を持って集まり、「〇〇君、バンザイ」と大声で叫んだということだ。両親は、見えない所で肩を寄せ合って泣き崩れたという。

「メイヨノ　センシヲ　トゲラレタ」

との報せが届くと役場の人が、金色の文字で「遺族の家」と書いた金属のワッペンのような物を、玄関の戸の上に貼るのだった。

私は小学生の頃、「貴族の家」と読み間違えて、「位の高い人の家なのかなあ」と思っていた。

「国家のために命を捧げることは、すばらしい」

「戦争で死ぬのは、すばらしいことだ」

「敵兵を討つのは、価値あることだ」

家庭と学校で、何度も、異議を唱える人もなく教育されると、全員がそう信じ込まされて、成長してしまう。

間違った教育がなされると、全国民の中に、

「国家のために命を捧げるのは、尊いことだ。戦争で相手を殺すことは、悪ではない」

と思うようになってしまう人が多くなる。

「戦争中なんだから」

「ぜいたくは敵だ」

「欲しがりません。勝つまでは」

「撃ちてし止《や》まん」

などという言葉が多用される中、

「戦争は悪だ。してはならない。やめよう」

というような言葉は、とうてい出せなくなる。

昭和二十年八月十五日、物凄い数の命が奪われ、物が崩れ落ち、焼きただれて、日本は敗戦の日を迎えた。

教育の力は、どんなに強くて恐ろしいかが証明された日であった。

現在の政治家や若者たちは、「戦争の残酷さ」「戦争のむごたらしさ」を、あまり考えることができなくなっている。

私の父が、遺言で、

「戦争はいかんね」

と、懸命に言っていたので、私は現職の時に「戦時中の命の軽さ」、「知覧の特攻平和会館の若き兵隊の遺言書」、「サイパン島の最後の戦いで犠牲になった兵隊と一般人――バンザイクリフの悲劇」、「食料難」、「すべての物資の不足」のことなどを、授業の中で話して聞かせた。

「戦争は最大の悪です。勝っても負けても、国民の心身に深い傷が残る」

と、説いてきた。


前述の「宮崎県都井岬の野生馬」は、ハーレムを作る習性がある。オス馬は、正面から別のオス馬が来ると、闘争心を燃やして、対決する体勢をとる。ハーレムの主になるには、相手に勝たねばならない。

取っ組み合いをしなくても、にらみ合っているうちに、お互いに勝敗が分かってくる。そうすると、負けたと悟った方は、相手に従い、勝ったと思う方は、前脚でトントンと地面を踏むのだそうだ。

決して強い方が弱い方に噛みついて（オス馬には、犬歯があるそうだ）血だらけにしたり、脚を踏んだり蹴ったりして骨折させるというような大怪我をさせたりはしないのだという。まして、殺してしまったりは絶対にしないのだそうだ。

「野生どうし、頑張って生きているのだから、いっしょに天寿をまっとうしようね」という思いがあるのだろうか。

そう言えば、ライオンがライオンを殺したとか、象が象を殺したなどという話は、聞いたことがない。

同じ種族どうしが、生きるのに切羽詰まっているわけでもないのに殺し合うのは「人間」だけかも知れない。恥ずかしい。どの生き物よりも立派な脳を持っているのだから、「戦争なんか、みっともない」と考えて、しなくなる日が来ても良さそうなのに。

現職の時、子どもたちに、

「憎らしい人がいて、『殺してやろうか』とか『殴ってやろうか』と思うことがあるかも知れません。でも、思うだけにしてください。思うだけなら、何百回でも何千回でも、かまいません。

何回も何回も思っていると、『別に殺すことはない』とか、『殴ることはない』などと考え直すようになるかも知れません。

ついでに言っておきますが、殴ることに決心してしまっても、頭とお腹だけは、狙ってはいけません。命にかかわる怪我をさせてしまいますから」

と、けんかの仕方まで教えた。子どもたちが、

「頭と腹以外の脚や腕なら良いんですか」

と尋ねるので、

「頭や腹より『まし』ですが、相手に骨折させたりしたら、何千万円も払うことになりますよ。その覚悟がありますか？」

ここまで言うと、賢い子は、

「人を殴ったりしたら、後でややこしいことになるから、やめとこ」と思うようになる。

戦争は、起こしてしまうと、後がややこしくなる。恨みと憎しみが残って、なかなか仲直りできない。何年でも「気持ち」の問題は残る。

人道的に考えて、すばらしい教育をすれば、戦争などという「愚かな」ことはなくなるのではないだろうか。

「平和」教育には、多くの時間と教師の辛抱強さが必要になってくる。

「わかりましたか。わかった人――」

「ハーイ」

という具合にはいかない。

二〇二三年の八月六日、広島の「原爆の日」、神戸の空は純白の雲と青い空だった。ロシア・ウクライナの空も美しいだろうかと思った。

謹啓　文部科学大臣様

私は、四十年ほど、教育界にいたが、その時には知らなかった重大なことを、退職後に知ることになった。

二つのことであるが、その一つは、法務省に志願して、篤志面接委員に委嘱してもらってからである。被収容者（受刑者）に国語の授業をするのが主な役目であった。生徒になる人の中には、何と、義務教育さえしっかりと受けさせてもらえなかった人がいるのだった。

これまで、私は、

「日本は、義務教育は充実しており、読み書きのできない人はいない」

そう聞かされていた。教育の問題は、高校と大学だと思っていた。

ところが、小学校も卒業させてもらえなかった人がいると知った。そういう人は「読み書きそろばん」ができず、何のライセンスも持っていないのである。だから、そういう人は、生きていくのが大変だ。「小学校中退」という言葉を初めて知った。

もう一つは、現在の小学校の教育課程の厖大《ぼうだい》さを知ったことである。

私は、退職してから、整形外科医にお世話になることが多くなった。脊椎だけでも、手術を二回受けた。それで、「デイケア」でお世話を受けている。

そこで、スタッフの一人の女性に、

「娘が五年生なんですが、算数の成績があまり良くないので、土曜に、ちょっとみていただけませんか？」

と頼まれた。算数は、五年生から難しくなるので、そういう子どもは多いことを知っていた。

そこで、私は、

「いいですよ。ボランティアで家庭教師を少ししましょうか」

と、気楽に引き受けた。

こんなわけで、現在の小学校での教育の内容を知ることになった。

いずれの教科も、教科書は以前よりも大判になり、紙は上質で美しいカラーで彩られている。ズシリと重い。

彼女の苦手な算数の教科書は絵本のようで、ちょっと見ると易しそうだけれど、中味は、大変難しかった。

「ううん、なかなかのものですね」

私は、意味不明のことを言ったが、彼女には何のことだか分かったようであった。

「三角形の内角の和は2直角である」

ということろを学んでいるときに、私は彼女と対面した。

「内角」「和」「2直角」などは、これまで彼女の生活の中で使ってきた言葉ではない。外国語並みの難しい言葉である。

その上、「50度＋65度」とか「180度－95度」などの簡単な、足し算や引き算も「うーん」となってしまう。

「これまでの算数が、抜け落ちている」

と気がつくと、「どうしようか……」と、困り果ててしまった。


彼女と何回か向かい合っているうちに、日本の小学校の教育には、大きな問題があると思い始めた。それは、「授業数が減っているのに、教育すべき内容が増えている」ということである。

私が若い教師の時には、土曜日は休日ではなかった。このことだけでも、週に四時間も授業数が減っている。その上「海の日」「山の日」「みどりの日」「昭和の日」「国民の休日」などもできた。教師としては、どういう意義のある日かを説明するのは大変だ。私自身、海や山の日に、どうして子どもが休むのかが分からない。多くの子どもたちは、どういう日か分からずに休む。三連休で小旅行したりするので、連休明けは、疲れて、ボーッとしている子が多い。

そして、三年ほど前から、コロナ禍で、学校、学年、学級閉鎖も多くなってきた。

確実に授業時間が減っているのに、こともあろうに、教科が一つ増えた。英語である。

英語は、世界の言語で、学ぶことの価値は大いにある。大切である。

だが、しかし、日本語を正しく美しく話すことは大変難しい。教え込まねば身につかない。

人には、言語形成期というのがあると言う。形成がほぼ完成するのが、十二歳だと教えてもらったことがある。十二歳は、小学校六年生である。十二歳まで東北地方で育った人は、その独特の強い訛が抜け切らないのだと言う。

どの地方にも方言はあって、良いものである。でも、どの人にも伝えたい場所では、共通語で話すことができる能力を身につけておく方が良いように思う。それが容易にできる時期は、小学生時代なのである。

今、若者の言葉は汚い。

美しくて正しい日本語の話し方を学ぶ機会がなかったからではないだろうか。

「やべぇ」「まじかよう」「すげえ」「ぼうっとしてんじゃねえよ」

「うめえなあ」「そうじゃねえかよう」「なるじゃんかあ」

まるで「ヤクザ」の言葉のようなのを美人から聞くと、「何故かなあ?」と思い、せっかくの美貌がもったいないと思う。

外国人でなくても難しいのが敬語や丁寧語である。これは、教師もしっかりと学んで、子どもたちに教えるべきである。

「(ウェイトレスが)コーヒーでよろしかったでしょうか」

➡「よろしいでしょうか」が正しい。

「以上で結構でしょうか」

➡「結構」はお客さん側の言葉。「よろしいでしょうか」が正しい。

「(主人側が客人に)どうぞ、いただいてくださいませ」

➡これでは、「遠慮して、へりくだって食べなさい」ということになる。

「お名刺、ありがとうございます。これは、私のお名刺です」

⬇自分の名刺に〝お〟は不要。

「このことは、僕のお父さんに教えていただいたことです」

⬇これは小学生までかと思う。大人なら「私の父に教えを受けたことです」と言うと、
　感じが良い。

「クーポン券をお持ちしていますか」

⬇「お持ちになっておられますか」が正しい。

「私のお席はどこでしょうか」

⬇「私の席」「あなたのお席」が正しい。〝お〟は「あなたの」という意味。

このように書いていくと、日本人でも「何と難しい」と思ってしまう。

そして、助数詞になると、よほどの物知りでも、答えられないことがある。

紙…一枚、二枚
本…一冊、二冊
鉛筆…一本《ぽん》、二本《ほん》、三本《ぼん》（本が「ぽん」「ほん」「ぼん」と変わる。難しいです。）
俳句…一句、二句、三句
短歌…一首、二首、三首

列車…一本《ぽん》、二本《ほん》、三本《ぼん》

船…大きい場合：一隻《せき》、二隻

小さい場合：一艘《そう》、二艘（どこが境目か）

この、物の数え方は、非常に難しい。

先日、十代の若者三人が、時計店で強盗をした時に、ニュースで腕時計を「〇本」と言っていたので初めて「一本、二本」と数えるのだということを知った。

この事よりも、もっと難しくややこしいのが、「一人称」と「二人称」である。

英語では、YOU（ユー）で済む二人称は、まあ、何といろいろあることか。

子どもが母親に対して「あなた」と呼ぶと変だ。「お母さん」「お母ちゃん」「母ちゃん」「ママ」など、たくさんある。

児童、生徒が、教師を呼ぶ時には「あなた」とは言わない。「〇〇先生」とか「先生」が普通であろう。

相手が、校長、教頭の場合、一般の教師は「校長先生」「教頭先生」と、苗字で呼ばず職名で呼ぶ。だから子どもたちは「校長」や「教頭」という名前の先生だと思ってしまうこともある。こういう呼び方は、英語にはない。校長の中には、

「私は、『校長』という名前ではないので、『田中先生』と呼んでください」

と言う人もいる。しかし、名前で呼ぶと、

「田中先生ではなく、私は校長なので『校長先生』と呼んでほしい」

と言う人もいて、校長の個性によって使い分けなければならない。

会社でも、ほとんどは「社長」「部長」などと、役職名で呼ぶようだ。外部にいる私は、時に「〇〇さんは、どういうお立場の方でしょうか?」と尋ねることがある。「専務でございます」などと答えられて、そんなに偉い方だったのかと驚くことがある。

三歳や四歳の幼児に、「小﨑さん」と呼ばれたら、決して間違ってはいないが、何だか落ち着かない。近頃は、「おばちゃん」と呼ばれることが多い。「おねえちゃん」と呼ばれると嬉しいが、年齢的に無理がある。幼い子どもは、不思議なことに「おばちゃん」「おねえちゃん」を、正確に使い分ける。どこが判断基準なのか、今でも分からない。

「おばちゃん」と呼ばれても「おばあちゃん」よりはましだと、いつも思っている。

街を歩いていると、宣伝中の男性が、「お母さん」と呼ぶことがある。関東の人よりも関西の人の方が多いように思われる。そう呼ばれて喜ぶ人もいるようだが、私は嫌いである。そこで、きっぱりと言う。

「私は、お母さんではありません。あなたを産んだ覚えは、全くありません」

相手は意外そうな顔をして、それでも、

「申し訳ありません。親しみを込めました。楽しくなりますから、店の中にお入りください」

などと、にこやかに誘う。

それに負けて、時々、店の人の「思うつぼ」に入ってしまうのが、私の情けないところだ。列車で、かなり長い旅をする時、向かい合わせの座席の人と自然に会話をするようになっていくことがある。全く知らなかった人が、旅の友になる。

その時、私は相手のことを、はじめは「あなたさま」と呼ぶ。相手の人の横に連れがいたら、「そちらさま」と呼ぶ。

親しくなって、名乗り合った後からは、「○○さん」と名前で呼ぶことにしている。「あなたさま」には、丁寧さと優雅さがあるので、私は気に入っている。相手の方も嫌な感じはしないようで、「そんなふうに呼んでいただくほどの者ではありませんけど」と微笑んでくれる。

「君《きみ》」とか「貴様《きさま》」「お前」などは、文字を見たり、語源を知ったりすると、昔は、大変丁寧で相手を敬う呼び方であったが、現在ではそのように呼ぶと、喧嘩《けんか》になってしまうかも知れない。

このように、時代と共に、言葉の意味や使い方が変化していくので、気をつけなければならない。

中学校時代の国文の先生が、

「一枚の純白のハンカチが、あちこちを拭いているうちに黒ずんできて、ついには雑巾になってしまうように、言葉も、上品で美しかったのに汚くなることもあるので、よく知っておく必要があります」

と言われたのを、時折、思い出す。「言葉の意味」は動くのだ。

「君《きみ》」で思い出したが、国歌「君が代」では、「君」とは「天皇」のことだと考えられているが、本来は、それは間違いだとのことである。

君が代は　千代に八千代に
さざれ石の　巌となりて
苔のむすまで

これは、奈良時代の古歌で、「君」とは、「私が大切に思うあなた」のことで、決して天皇を指す言葉ではなかった。けれども、明治時代になって、「万世一系の天皇」が、日本を統治することになった時に、天皇を「大君《おおきみ》」と呼んだ。

それで「いとしの人の世は、いつまでも」と詠んだ恋歌は、「天皇の御代は、いつまでも栄えますように」という意味にすり変えられてしまったのだという。

「天皇制反対」と叫ぶ人は「君が代」を歌うのを拒否することがあると聞くが、歌わねばならぬ時は、本来の意味だと思ったら良いのではないかと、私は思っている。

ついでながら、曲の流れで、息が足りなくなって「さざれ　石の」と、一流の歌手でも歌うのを聞いたことがある。「さざれ石」は一つの言葉なので、一息で歌うのが正しい。

子どもたちの中には「さざれ石」というのは石の種類だと思っている子もいるようだが、「小さな砂利のような石」のことである。

地質学者の中には、

「小さな石ころが集まって大きな巌となったりすることはない」

と異義を唱える人がいるそうだが、奈良時代の庶民が「長い期間」の例えに使ったのだから、そんな堅いことを言わず察してあげてほしいと思う。


「二人称」はこのように、場合によって変わるのだが、英語の「I」（アイ）という一人称も、日本語では、たくさんあって、場合や立場によって、さまざまに変化する。

代表的な一人称は、「私」（わたし、わたくし）である。「わたし」は、日常的に使うが、「わたくし」は少し改まった場で使うことが多い。どう違うのだろう。ある教師の話では、

「わたしとわたくし。どちらでも良いようだが、正式の場所や改まった場所では『わたくし』と言った方が良いように思います。『わたくし』で始めると、語尾がきちんとしまります。公の演説の時は『わたくしは』と話し始めてほしいものです」

であった。なるほどと、私は感心して受け止め、その時から実行している。

幼児の場合、「〇〇ちゃん」と、自分の名前に「ちゃん」を付けている子がいる。周りの人が呼ぶのを真似ているのだろうけれど、三歳を過ぎたら徐々に「ぼく」「わたし」に変えた方が良いのではないかと思う。

〈男性の一人称〉ぼく、おれ、わし、おいら
〈女性の一人称〉わたし、うち、あたい

「わて」は方言で、男女とも。

親は、我が子に向かっては、
　パパ　とうちゃん　おとうさん　おれ
　ママ　かあちゃん　おかあさん　かあさん
などと、子どもの年齢や場合によって変わってくる。

芝居や映画では、
　父、わし、おれ、など。

　母、わたし、おっかさん、などいろいろ。

地方によっては「自分」というのが、一人称ではなく、二人称の代わりに使われる。

「自分は、どう思う？」

「自分でしなさい（言いなさい）」

「ぼく」というのは「二十代」までくらいにしたらどうかと思う。大臣やベテランの議員が「ぼくはねえ」など言うと、「いい歳をしてその地位で、やめなさいよ」と言いたくなってくる。

天皇は「朕《ちん》」とはおっしゃらず、「私」とおっしゃるし、皇族方も「わたくし」「わたし」とおっしゃる。「ぼく」などとは決しておっしゃらない。「ええー」「ええと」などは全くなく、皇族方のお言葉は、日本の話し言葉のお手本だと思うことがある。

　このように書き進めていくと、

「日本語の話し方は何と難しいんだろう」

と思ってしまう。そんな日本語を差し置いて、「英語どころじゃないのではないか」と思う。脳に弾力性があり軟らかい小学生時代に、しっかりと日本語の正しく美しい話し方を教え、習慣化させるのが先ではないかと思う。

「言葉の力」「正しい美しい言葉」をしっかりと教え、理解させた後、中学生になったら英語を教えるのが当然ではないだろうか。

私の父は、いつも言っていた。

「言葉は人格だ。人格は言葉以上でも以下でもない」

そして、次のようにも言った。

「言葉は汚いが心はきれいなどというのは嘘だ。言葉の汚い人に心の清らかな人はいない。『言葉ほどは心は汚くない』と言うのが正しい」

高学歴の代表のように思われがちな医師の中にも、乱暴で汚い言葉の人がまれにいる。両親の言葉が汚いのに、学校でも教えてもらえず、高い教養にもかかわらず清く正しい話し言葉を教えてもらう機会に恵まれなかったのだろう。自分よりはるかに歳上の患者さんには、

「どうなさいましたか？」

と、敬語で話すことができたら、名医に見えてくるのに惜しいなあと思うことがある。

さて、ボランティアで見てあげることになった彼女の苦手な算数のことに戻ろう。

小学校高学年の算数は、これから先に大いに役立つことも多いが、「これは、する必要があ

るのだろうか？」と思うものもある。

例えば、分数×分数、分数÷分数。

私自身、やり方は分かるけれども、「分数をかける」、「分数で割る」ということの意味が分からない。実生活で、どんな場合に使うのか、優れた数学者に聞いてみたいものだ。

彼女は、けなげにも、台形の面積の公式をすっかり覚えて、どのようにして導き出されたのかが分からないままに、

「かっこ上底＋下底かっこ閉じる×高さ÷２」

と、すらすら言えるようになった。

四月から彼女は、六年生になった。小学校生活最後の年である。もう後がない。

六年生の担任は、大切な行事が多い上に、教える内容が難しいので大変だ。

社会科は、歴史を習うことになるので、五年生までとは全く違う。いろいろなエピソードを混ぜて楽しい授業にしたいと思っても、特急で進まなければ、卒業までに現代まで届かなかったら一大事だ。

四十五分間で百年間以上のことを学ぶのだから、師弟共に大変だ。

師弟共に欲求不満になってしまう。

私たち一市民には、教育内容を変更させる力はない。だから、国を動かす権力を持っておられる教育界のトップ文科大臣様にお会いしたいと願った。けれども、公的な重要なお立場の大

臣は、一市民の私に、貴重なお時間を割いていただくことはできなかった。

こんなわけで、自分の著書に書いて、教育界に一石を投じたいと思ったのである。その結果、文部科学大臣様にお会いできて、小学校の教材の精選集約についてのお話がほんの少しでもできたら、どんなに素晴らしいだろう。

楽しく工夫した授業ができるようになれば、教職員という職業に憧れを持ってくれる若者が増えるのではないかと思う。

そうなれば「学校嫌いの子」「不登校の子」が減少するに違いない。「不登校」の問題は、すぐ「いじめ」に結びつけてしまいがちである。けれども教師に余裕が出来て、喜びを持って授業ができるようになれば、少々「いじめ」を受けても、「学校に行きたい」「学校は心のオアシスだ」「学校で新しいことを知って嬉しい」と、子どもたちは、考えるようになるのではないだろうか。

謹啓　法務大臣様

小学校を定年退職してから、志願して刑務所の受刑者に国語の授業をすることになって、初めて知ることがいくつもあった。

ドラマなどでは見ることがあっても、刑務所の中に入って、受刑者と対面することは、たいていの人には経験がない。

私は、言葉遣いには、極力、注意を払った。原則として、敬語、丁寧語（です、ます語）で話すことにした。そして、漢語ではなく、やまと言葉にすることにした。

「起立」ではなく「立ちましょう」、「着席」ではなく「お座りください」というように。命令や禁止の鋭い言葉ばかり聞いている彼女たちは、はじめキョトンとしていた。所内では聞くことがないからであろう。

刑務所で初めて知ったことがある。

それは、小学校、中学校――つまり義務教育――にも行かせてもらえなかった人がいるということである。

教育現場に四十年近くもいたのに、このことは全く知らなかった。生きていくのには、必須の「読み、書き、そろばん（計算）」ができないのでは、さぞかし生き辛いに違いない。私は当然のように四年制の大学を出て教師のライセンスを取得したが、そんなことは、彼女たちには「夢のまた夢」なのだと知った。

日本国憲法には「日本国民の三大義務」が明記されている。「納税、勤労、教育」である。

納税を怠ると罰せられる。教育は、保護者に課せられる義務である。怠ると、当然、罰せられるべきである。情状酌量の余地があれば、国家が手を差し伸べて、教育が受けられるように配慮すべきだ。義務教育が受けられなかった国民を生み出すのを、国家は全力で防がなければならないと思う。

中学生の時に、社会の先生が言われた。

「日本は、資源のない国です。石炭も鉄も銅もほとんど出ません。石油は、『とかげのよだれ』ほども出ません。日本にたくさんあるのは、水と石灰岩だけです。辛いですね」

私たちは「とかげのよだれ」という比喩が面白くて笑った。たいていの人は「雀の涙」と言うけれど。

先生は真剣な表情で続けた。

「資源のない日本には、幸いにして『人』という貴重な資源が、たくさんある。皆さんは日本の貴重な資源なのですから、心身共に、健康に育ってほしいと思います」

私たちは、シーンとなった。あれから半世紀以上も経ったが、あの時の先生の言葉をしっかりと覚えている。

このことは、現在も変わることがないと思う。日本の大切な資源の「人」が、全員、義務教育が受けられるよう、国家は力を尽してほしい。

そうすれば、法を犯して刑務所に入らねばならなくなる人が半減するのではないかと、近頃つくづく思うようになった。

刑務所では、どんな小さな安価な物でも、プレゼントをしてはいけないことになっている。授業は、一クール十二回で、その後は永遠の別れである。

心が通い合った私の「教え子」と別れるのは、寂しいものである。それで、折り鶴を折って、その翼に「おくる言葉」でも書いてやれたらと思ったが、駄目だと言われた。

それでは、授業の時に、印刷した問題の答えが正しい時には、シールを貼ってあげることにした。「これは駄目」と言って、剝がされてはたまらないので、指に力を入れて、しっかりと貼り付けた。

「ありがとう」

彼女たちは、ニッコリ笑ってお礼を言う。

「これ、先生、自前で買うたん？（自分のお金で買ったのか）」と、遠慮なく尋ねる人もいる。

「当たり前です。私の大切なお金で買いましたよ」と答えると、もう一回、礼を言った。

私はこの時、

「この人たちが犯罪人になる前に、出会って授業ができたら良かったのに」

と思って、残念だった。

私が現職の時に、教育委員会の方だったと記憶するが、

「万引などは『初犯を叩け』と言われます。初めての場合に、優しく『もう二度とするんじゃ

ありませんよ』などと言って簡単に許すと、たいていの場合、その子は二回目をします」

と、厳しい表情で言われた。

私は、その通りだと納得したので、高学年を受け持った時には、四月の学年のはじめに、

「日本は法治国家です。他人の物を盗むのは違法です。それが小さな物であっても犯罪です。宿題を怠けたとか、廊下を走ったとか、そういうこととは比べものになりません。『悪』です。私は、万引は決して許しません」

と、厳しく言い渡した。

しかし、低学年の場合には、かなり違う。

チョコレートを一個盗んだ場合には、

「だって、お店には、いっぱいあるもん」

と言ったりする。沢山あるんだから、いいのではないかと考えているのだ。そこで、

「チョコレートは、天から降って来ますか？　運動場にいて、チョコレートが降ってくるのを見たことがありますか？」

と、問い詰める。すると「見たことない」と子どもは、ボソボソと言う。

「こんな考えの子が他にもいるかも知れない」

と私は思って、一時限を費やして、経済のしくみを簡単に話した。

「お店の人は、チョコレートを、お金を出して、おろし屋さんから買ってくるのです。百円のチョコレートなら、九十五円くらいで買って来ます。売ったら、五円のもうけになります。で

も、盗まれたら、いっぱい売ってももうけられなくなります。お店屋さんは、暮らしていけなくなるのです。盗むのはひどいことなのです」

ゆっくりと子どもの表情を見ながら話すと、幼い子どもでも理解してくれる。

この一時限で完全に万引がなくなるとは思わないけれども、かなりの数の子どもたちは、「万引はひどいことなんだ」と思って、罪を犯さないで済むのではないだろうか。

成人の場合、店からおにぎりを一個盗んで初めて捕まった場合に、

「いい歳をして、おにぎりを盗んだら悪いことぐらい、分からんのか。次にしたら、窃盗罪で逮捕するぞ！」

と言われるだけで釈放されてしまうのではないだろうか。

この時に、善悪の判断が十分できる年齢の人が、おにぎりを盗むのは異様なことだから、何故そういうことになったのかと問い正してカウンセラーの指導を受けたり、刑務所の指導者の所へ連れて行けば、その人は受刑者にならずに済むのではないか。

「人」は、日本の資源であり、大切な財産なのだから、できる限り、犯罪人とか前科のある人にさせないような手だてをしなければならないと思う。

子どもたちに厳しく言ったことのうち、万引の次は「約束を厳守する」ことである。

「約束は、命がある限り守らなければなりません。ですから『できないこと』、『できないかも

知れないこと』は、決して約束してはいけません」

子どもたちは、「ふうん」という気楽な表情である。そこで、

「世の中には『詐欺罪』という犯罪があります。人を騙すことです。約束をしておいて破ってしまうことです。『します』と言ったのにしないこと。『あげる』と言ったのに、あげないこと。『もうかる』と言っていたのに損をさせてしまうこと。こんな場合、とてもひどい時には、逮捕されます。これが詐欺罪です。

詐欺罪では、『初めから騙すつもりのこと』と、『そんなつもりはなかったのに、そうなってしまったこと』の二通りあります。どちらも、罰せられます」

と続けると、真剣な表情に変わってくる。

「だから、約束をする時には、よく考えましょう。『できない』ことや、『できそうもないこと』は、決して約束してはいけません」

全員、納得してくれたように見えた。

ここまで、子どもたちの前で厳しく言ったからには、私も、必ず約束したことは守らなければならない。

子どもたちは、テストを受けると、できるだけ早く採点して返して欲しいと思う。でも、授業の後、思いがけないことが予定されていて、どうしても採点できない時もある。そんな時には、軽々しく、

「明日、返します」

などと言ってはいけない。もしも、言ってしまった後ならば、覚悟して、睡眠時間を割いてでも採点しなければならない。

もしも、

「ごめんね。昨日は用事が急に出来てね。採点できなかったのよ。明日は必ず返すからね」

と、丁寧にわびてたとしても、

「いいよ。先生だって都合があるもん」

と、許してくれる子もいるけれど、

「えっ、先生は嘘つきや」

と、思う子もいる。

一旦「嘘つき」と言われたら、教師の権威はガタ落ちになる。学級経営が難しくなってくる。

ある日、子どもたちに言った。

「宿題は、先生とあなたたちとの約束ですから、決して破ってはいけません。でも、この前、『できない約束はしてはいけません』と、言いましたね。それで、今日の宿題は、約束できないと思うのなら、今、断ってください。『約束できない』と思う人……」

すると、三人ほど挙手した。一人ひとり理由を聞いてから、なるほどと思ったので、

「三人の理由は、納得しました。今日の宿題は免除します。他の人で、約束できない理由がある人は、いますか?」

そう確かめてみたが、皆、黙っている。

「では、宿題はすると、約束する人は、手を上げて――」

三人以外は、堂々と自信ありそうに挙手した。「さて、さて。どうかな」と思ったが、翌日が楽しみだった。

さて、翌日である。

あんなに自信まんまんで堅い約束をしたのに、二人、やってこなかったとうなだれた。

他の子どもたちは、

「約束破った、悪い、悪い」

と責めたので、

「二人は、心から悪かったと反省しています。十分、自分が自分を責めています。だから、ほかの人は、責めなくてもいいです。

はじめから、先生や皆さんを騙そうと思ったのなら詐欺罪です。でも、一生懸命にしようと思ったのにできなかったのなら、皆さん、許しますか？」

そう問いかけると、心優しい子どもたちは、

「許します！」

と言った。私は厳しい声でつけ加えた。

「約束を破ったことは悪いことです。でも、自分で自分を叱って、十分に辛い思いをしたことでしょう。だから、今回は許しましょう」

このことがあってから、クラス全体が、

「約束は大切。決して破ってはいけない」

という大切なことを、しっかり学習したように思った。大切な学習ができて、私は満足した。

今の教師には、こういうような、社会で生きていくためにとても大切な「規律」や「人のみち」などを教える余裕がないに違いない。時間がないので、教科指導に追われてしまう。

図形の面積の公式や、立体の体積の公式や線対称、点対称の図形よりも、窃盗罪や約束を破ることの重大さを教える方が大切ではないかと、私は思う。

法務大臣様にお会いして、教育現場に長くいた者の思いや、初めて、刑務所で受刑者に会って、社会のしくみの改良すべき点について考えた者の意見を聞いていただきたいと熱望していた。けれども、非常に難しいことと悟って、断念した次第である。今後に期待したい。

おわりに

本を出版しようと決意した場合、最後の文に「。」を付けた時には、嬉しくなって、「ヤッター。バンザイ、完成だ」と、叫びたくなるものです。

しかし、今回ばかりは、頑張り抜いてきた教師の現役時代に戻って、夢の世界にいることができていたのに、その夢から醒めなければならない残念な気持ちでいっぱいです。

この本は、三つの目的で書きました。

（一）近頃、教師になりたいという若者が減ってきたと聞く。もう一度、子どもたちと共に歩むことの楽しさに気づいてほしい。「でもしか先生」という言葉があった。「教師にでもなろうか」「教師にしかなれなかった」という意味である。「教師にこそなりたい」と志す若者が増えてほしい。

（二）今、授業時間が減ったのに、教材が増えている。楽しい授業ができるように、教材の量を検討するべきだ（小学校三年生からの英語についての是非も）。

（三）義務教育も受けさせてもらえなかった人がいる。こんな不幸な人を救ってほしい。国民には、教育を受ける「権利」があります。

国家を支えるのは、国民です。そうして、すばらしい国民を育てるのは、教育です。教育の方向を間違うと、「戦争は正義だ」と思い込む人になってしまったりします。

「命の尊さ」を教えて「生きぬく力と知恵」を育てなければなりません。人の命は、地球上のすべての人間に、等しく尊いものであると、感じ取らせねばなりません。

その初めての教育をするのは両親だと思います。親は子を「無条件」で愛してほしいです。親は子の心身に、傷を負わせてはなりません。子どもは、国の宝物なのですから、大切に保護しながら磨き上げなければなりません。親と教師が手を取り合って、子どもを、賢く、強く、正しく、優しく育て上げなければなりません。すばらしい国の子どもたちは、花のように笑い、鳥のように歌うものです。

私は、こんな思いを胸に、全原稿を書き上げました。

二〇二三年は、異常な暑さで「不要不急の外出は控えてください」と報じられ始めた八月十四日に、執筆に取りかかりました。一か月半で三百枚書き上げました。

これまで、十冊以上、出版してきましたが、これが最後です。この本がお一人でも多くの方に読んでいただけて、少しでもこれからの教育改革に役立ってくれたら、本当に幸せです。なお、出版に際しては、株式会社文芸社の方々の大きなお力をいただきました。心からお礼を申し上げます。

二〇二四年三月

著者　しるす

著者プロフィール

小﨑 佳奈子（こさき かなこ）

1941（昭和16）年10月 愛媛県に生まれる。
兵庫県神戸市在住。
鹿児島市にボランティア活動目的の小さなホール付きの家を新築し「夢ふうせん」と名付ける。月に１回、地元の演奏家や舞踊家などを招き、無料のイベントを続けてきた。（コロナ禍で一時中断）

〈特記すべき卒業校〉

愛媛県立松山東高等学校
（夏目漱石が勤務し、小説『坊っちゃん』の舞台になった旧制松山中学）

〈取得しているライセンスなど〉

・小学校・中学校・高等学校教諭普通免許状（中・高は音楽）
・スクーバダイビング（オープンウォーター／アドバンスドゥオープンウォーター）〈日本には「スキューバ」と言う人が多いが、「スクーバ」が正しい。〉
・普通自動車運転免許証
・篤志面接委員（法務省委嘱）

〈職歴〉

公立小学校教諭38年　初任者研修担当１年

〈受賞歴〉

兵庫県青少年本部創作童話部門 最優秀賞・特別賞
児童憲章愛の会創作童話入選
エッセイ「私の医療体験」入選（読売新聞社主催）など

〈主な著書〉

『こどもと歩く』（甲南出版社）『見すてないで』（甲南出版社）
『瓦礫の中のほおずき―避難所となった小学校の一教師の体験』（神戸新聞総合出版センター）
『あっ ちがってたよ』（絵本・英文対訳／神戸新聞総合出版センター）
『“外国度” の高い国々―海外旅行でのとっておきの話』（日本文学館）
『新・作文のすすめ』（学習研究会 教文社）
『ことばで築く豊かな世界』（文芸社）
『笑顔が報酬―刑務所での国語科の授業―』（文芸社）　など多数

著者プロフィール

小﨑 佳奈子（こさき かなこ）

1941（昭和16）年10月 愛媛県に生まれる。
兵庫県神戸市在住。
元小学校教諭。

教師冥利 —教育内容の改革で子どもも教師も輝く—

2024年５月15日　初版第１刷発行

著　者　小﨑 佳奈子
発行者　瓜谷 綱延
発行所　株式会社文芸社
〒160-0022 東京都新宿区新宿1－10－1
電話 03-5369-3060（編集）
03-5369-2299（販売）

印刷所　図書印刷株式会社

ISBN978-4-286-25237-7